LES HISTOIRES AUTHENTIQUES DE L'AÉRONAUTIQUE
EMERGENCY

N° 1

PATRICE BUENDIA - PIERRE VEYS - ROMUALD PISTIS - FRÉDÉRIC ZUMBIEHL - FRÉDÉRIC DESRUES
WALLACE - MICHEL MONTHEILLET - CARLOS PUERTA - PHILIPPE HOOGHE - GIUSEPPE CANDITA
GERARDO BALSA - STEPHAN AGOSTO - BAPTISTE PAYEN - DAMS

ZÉPHYR
BD

« À la mémoire de Xavier Dubas (18 janvier 1960-14 janvier 2010)

Xavier avait contribué à ce que cet Alpha Jet, longtemps utilisé chez Dassault Aviation, puisse couler une retraite heureuse au bénéfice de la formation des élèves pilotes de chasse à Tours. Membre actif de bibliothèque, Xavier aimait également partager sa passion pour la BD. Adieu l'Ami ! »

Frédéric Desrues

« Je voudrais dédier mon travail sur cette histoire à la mémoire d'André Dupuis, résistant, né le 19 février 1921 et mort, fusillé le 13 mars 1944 »

Michel Montheillet

 76, rue de la pompe
75116 Paris
Tel : 06 16 30 46 24

Deuxième édition
©2010 Zéphyr éditions
Dépôt légal : avril 2010
Imprimé en Belgique par Lesaffre
Collection dirigée par Alexandre Paringaux
Alex.paringaux@zephyreditions.net
Relecture : Catherine Legendre-Narbeburu

ISBN: 978-2-36118-002-7

Sommaire

Préface

······•••···· ····•••···· ····•••···· ····•••···· ····•••····

Vient-on au monde aviateur ? Nul n'oserait le prétendre. Pour autant, les femmes et les hommes qui ont choisi de piloter des machines capables de les emporter dans les airs ne se retrouvent jamais aux commandes de leur aéronef par hasard. Curiosité, fascination, passion du vol ? Goût du défi, soif d'horizons nouveaux, désir de dépassement de soi, choix professionnel raisonné, ou un peu de tout cela à la fois ? Peu importe le nom que prendra le mobile de chacun au gré des histoires qui s'écrivent quotidiennement dans le ciel depuis les premiers vols humains mécanisés.

Dès le départ, une fois éprouvée l'indicible joie du décollage, les hommes ont pris conscience de l'imminence de dangers nouveaux, inhérents à la conquête de domaines encore inexplorés.

Former un pilote, très tôt, a constitué en soi un véritable enjeu.

Les technologies mises en œuvre, elles, auront certes donné vie à certaines audaces et permis de repousser toujours plus loin les performances recherchées. Stabilité en vol, fiabilité des moteurs et des systèmes intégrés, maniabilité, distances franchissables, vitesse, aides à la navigation : tous ces aspects qui conditionnent l'usage de l'« outil avion » tendent sans cesse vers un rêve d'achèvement, pour ne pas dire de perfection. Ils sont censés, en tout cas, contribuer au renforcement de la sécurité nécessaire à une saine pratique de l'aviation.

Or le facteur humain, pour reprendre un terme cher aux ingénieurs, domine encore et toujours le débat. Et avec lui, certains risques combattus depuis toujours ne seront jamais totalement écartés. À moins, bien sûr, d'évincer l'homme de sa propre aventure…

Outre la possible défaillance humaine, certains événements procèdent de ce que l'on appelle le hasard. Avec l'aléa, un problème inédit, fruit de l'improbable combinaison du connu et de l'imprévu, émerge sous le nez du pilote. En équipage ou seul, c'est alors à l'Homo sapiens aux commandes d'apprécier la situation, de fonder son jugement ; et de décider, parfois en une fraction de seconde.

À cet instant précis, la solidité de sa formation, le savoir-faire déployé par le concepteur de l'avion, la rigueur instillée dans la fabrication de chaque composant par le constructeur, tout concourt a priori à assurer une issue favorable au problème rencontré. Le sang-froid, en revanche, s'apprend moins. Il se cultive, sans doute, et la qualité d'un entraînement viendra alors l'étayer plus sûrement que n'importe quel manuel de pilotage, aussi bien rédigé soit-il.

Et n'oublions pas, si possible, de mettre un peu de cœur dans tout cela. Jusqu'à preuve du contraire, la machine, elle, en est dépourvue.

Puisse ce nouvel ouvrage, voulu par son éditeur, Alexandre Paringaux, apporter son lot d'enseignements au lecteur. Les histoires qu'il rapporte, toutes authentiques, peuvent être appréhendées de différentes manières. Mais chacune d'elles, au fond, raconte la même histoire. Celle de l'être humain confronté à une difficulté qu'il a lui même grandement contribué à susciter, et à laquelle il s'efforce d'échapper en puisant dans ses ressources – toujours – dans son génie – quelquefois.

Jack Krine
Aviateur

Sueurs froides à Saint-Dizier

Photographies : Alexandre Paringaux

En cette belle journée du mois de juin 1993, à quelques jours de l'ouverture du salon aéronautique du Bourget, une fête aérienne bat son plein sur la base aérienne 113 de Saint-Dizier (Haute-Marne), où l'état-major de l'armée de l'Air française a convié de nombreux personnels et visiteurs à célébrer le vingtième anniversaire de l'avion de combat « Jaguar ». Rappelons qu'à cette date, l'appareil rayonne encore de ses récents faits d'armes acquis sur le théâtre irakien de la première guerre du Golfe…

Pour l'occasion, les organisateurs ont eu l'excellente idée de présenter en vol un avion qui, en son temps (et bien avant le Jaguar), matérialisait le meilleur de la technologie aéronautique française : le MD-452 « Mystère IV », premier chasseur supersonique à équiper l'armée de l'Air dès 1954. Pour piloter le « vieux » Mystère, les responsables du programme ont fait appel à un aviateur d'élite. Jack Krine, ancien pilote de chasse, ex-membre de la Patrouille de France, officier supérieur de réserve et pilote de ligne à Air Inter à l'époque des faits, revendique alors quelque 15 000 heures de vol. Pour lui, la reprise en main d'un Mystère IV, vingt-cinq ans après ses premières missions de jeune breveté militaire sur cet avion, promet de grands moments d'émotion. Certes il a, depuis lors, mené beaucoup d'autres machines dans les airs, du Mirage III au Mercure d'Air Inter, en passant par le Fouga Magister et de très nombreux avions de collection

qu'il présente régulièrement en meeting. Mais son entraînement de pilote de chasse, ses 200 heures de vol sur MD-452 et sa passion du pilotage le prédisposent effectivement à prendre place, une fois encore, dans l'étroit cockpit, juste pour la beauté du geste – et le plaisir des spectateurs.

La mission de Jack Krine, ce 4 juin 1993, comprend plusieurs étapes. Il doit d'abord décoller de la piste d'Orly, où la compagnie Air Inter a aimablement accepté d'abriter l'avion la veille de la fête de Saint-Dizier, alors que le pilote et sa machine revenaient de Caen où ils avaient pris part à une autre présentation publique. Il doit ensuite rejoindre le secteur de Saint-Dizier où l'attendent les équipages des trois Jaguar avec lesquels il effectuera sa présentation en vol devant une foule enthousiaste (et en présence de diverses personnalités, parmi lesquelles des membres de l'état-major de l'armée de l'Air). Une fois qu'il aura rejoint les trois autres avions de chasse à l'endroit prévu (à la verticale du lac du Der en Champagne), il devra en outre se prêter au jeu de la prise de vue. En effet, à l'occasion des vingt ans du Jaguar, Alexandre Paringaux, photographe spécialisé dans le reportage aéronautique, aura pris place à bord du seul appareil biplace de la formation afin d'immortaliser cet instant unique : le vol en patrouille du Mystère IV avec deux Jaguar monoplaces parés de leurs « peintures de guerre »…

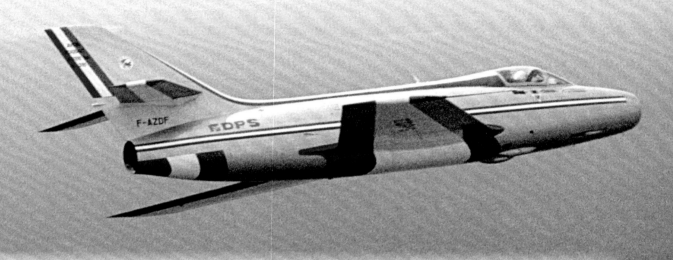

Enfin, il lui faudra voler de conserve avec les trois Jaguar – le Mystère IV en tête, dans la position du leader – et, pour terminer, exécuter son programme de présentation à une heure précise, avant de céder la place à la Patrouille de France, elle-même sollicitée dans le cadre de la fête.

La première partie de la journée se déroule plutôt bien, même si du brouillard, à Orly, oblige Jack à attendre une éclaircie. Avec un peu de retard, il rejoint finalement les trois avions de combat au lieu de rendez-vous convenu.

La séance photo se déroule de façon satisfaisante. Pendant ce temps, au-dessus de la base 113, d'autres avions militaires effectuent leur présentation en vol sous le regard attentif des spectateurs. Mais il est temps de prendre son tour dans la ronde incessante qui, ce jour-là, illumine le ciel de Saint-Dizier !

En tête de la formation, flanqué de deux Jaguar et suivi de près par le troisième, Jack Krine se positionne dans l'axe de la piste, à environ 3 km de son seuil. La patrouille navigue à l'altitude de 1 500 ft (environ 450 mètres). L'affaire se présente bien. Il est vrai qu'aujourd'hui, la météo offre une très bonne visibilité. Le soleil baigne la région et l'impression de beau temps est renforcée par la présence de quelques nuages blancs qui glissent suffisamment haut dans le ciel pour donner un « plafond » confortable aux aviateurs. Tout au plus, un vent qui souffle selon un axe perpendiculaire à la piste (venant de leur droite) oblige les quatre pilotes à intégrer mentalement ce paramètre en prévision de leurs évolutions.

Bien calé et sanglé dans le siège du Mystère IV, Jack se concentre. Pendant quelques minutes, il va laisser de côté le pur plaisir qu'il éprouve à piloter l'avion. Car en meeting, une précision

d'horloger s'impose. Positionnement dans l'espace en tangage et en roulis, vitesse, chronométrage : tout doit participer à la sécurisation de la présentation ; et à la joie du public qui en prend plein les yeux !

Tout à coup, un bruit d'explosion déchire l'air autour de l'appareil. Une sorte de hurlement métallique, terrifiant, instantanément suivi d'une forte décélération du Mystère IV, plonge Jack dans un état d'alerte que connaissent tous les pilotes de combat. Les instruments de bord le confirment : « Panne réacteur ». À cette seconde, c'est tout ce que Jack Krine peut annoncer à la radio. La mécanique tourne encore un peu. Mais il n'est plus question de compter sur elle pour continuer le vol. Toujours placés en formation de chaque côté du petit chasseur, les deux Jaguar s'écartent ; celui qui le suit de près, surpris par sa brusque décélération, l'évite promptement et s'éloigne à son tour. Les secondes s'égrènent. La piste se rapproche vite. Très vite. Avant la panne brutale du moteur, les quatre appareils filaient à 350 kt (650 km/h). À présent, le supersonique blessé, seul dans le ciel – les trois Jaguar ont repris de l'altitude et tournent au-dessus de la scène –, déboule encore à 500 km/h. Cependant, sa vitesse décroît un peu plus à chaque seconde qui passe, tandis qu'il perd de l'altitude. Jack sort le train d'atterrissage. Le mieux serait qu'il se pose immédiatement. Mais le pilote, le regard tendu vers le fin ruban de béton qui s'étend devant lui, comprend qu'il lui faut renoncer à cette solution. Car un autre avion est en train de s'y poser ! Et un autre s'apprête à y atterrir à son tour ! Seconde option : s'éjecter. Mais le risque de voir l'avion livré à lui-même dévier vers la gauche, c'est-à-dire vers le public, dissuade le pilote de tirer sur la poignée. Satané vent de travers…

Il ne lui reste plus qu'à tenter une manœuvre très, très délicate. Par radio, il demande qu'on lui dégage la piste et qu'une barrière d'arrêt soit déployée, au cas où il se poserait trop long après être sorti du virage qu'il va amorcer… Car Jack décide de se poser « à contre QFU », autrement dit dans le sens inverse de celui qui est en usage ce jour-là sur la piste de Saint-Dizier ! Son objectif : donner le temps aux opérations au sol de le recevoir dans les meilleures conditions de sécurité possibles. Pour cela, il commence par dévier de sa ligne de vol initiale vers la droite. Mais le réacteur, entre temps, s'est complètement arrêté. Non seulement l'avion ralentit encore plus vite, mais les commandes hydrauliques ne répondent plus ! En tout cas, plus assez pour sortir les volets hypersustentateurs et augmenter un tant soit peu les chances de poser l'avion… Heureusement, les concepteurs du Mystère IV, chez Dassault, avaient prévu un dispositif de secours en cas de panne de réacteur, justement. Une source d'énergie électrique alimente en effet une petite pompe censée fournir le minimum de pression hydraulique pour que l'avion reste pilotable. Jack Krine sait que sa grande expérience aéronautique ne suffira peut-être pas à le tirer de cette situation. Mais il s'acharne à éviter un désastre. Il pilote sur le fil du rasoir, fait corps avec les sept tonnes d'acier et de kérosène qui, à chaque instant, menacent d'échapper à son contrôle. Il amorce son improbable virage vers la gauche, négocie avec les molécules d'air qui portent encore le Mystère IV privé de puissance… et de ses volets. La vitesse de décrochage est toute proche. À 180 kt (environ

330 km/h) en sortie de virage, le pilote sait qu'il n'aura pas le temps d'achever sa manœuvre et d'atteindre la piste. Il faut se poser. Tout de suite !

Le contact du train avec la planète, d'une violence inouïe, restera à jamais gravé dans la mémoire de Jack. Dans sa malchance, le pilote a quand même arraché un tout petit avantage au mauvais sort : faute de vitesse, il a dû toucher le sol entre la piste et le taxiway, autrement dit sur l'herbe. La terre meuble aura-t-elle contribué à disperser l'énergie phénoménale libérée par le quasi écrasement de l'avion ? Quoi qu'il en soit, dès l'impact, le train d'atterrissage est pulvérisé, la verrière éjectée. Jack Krine, qui ne peut plus rien faire tandis que l'avion glisse sur le ventre et bondit sur les irrégularités du terrain, est secoué comme un pantin suspendu à d'invisibles fils. Protégé des chocs incessants par son casque, il se voit surgir du cockpit pour y replonger la seconde suivante, toujours sanglé sur son siège. « Tu ne m'auras pas ! », s'entend hurler Jack. À qui s'adresse-t-il ? À l'avion devenu indomptable ? Aux forces physiques qui se déchaînent ? Au destin qui s'acharne sur lui depuis la panne du réacteur ? À la mort ? Il ne saurait le dire… Il se bat encore, c'est tout. Douze interminables secondes s'écoulent avant que le Mystère IV, en partie disloqué, accepte d'interrompre sa course folle.

Les pompiers de la base 113, postés tout près du lieu où gît maintenant le vieux chasseur, noient immédiatement le réacteur sous

la mousse jaillie d'un extincteur. Par chance, pas une étincelle n'a mis le feu à l'avion. Les secouristes arrivent, parlent au pilote qui n'a pas perdu connaissance. Transporté à toute allure à l'hôpital de Saint-Dizier, Jack Krine n'y restera pas longtemps. Avec seulement quatre vertèbres lombaires fêlées – un véritable miracle ! – il décide de rentrer chez lui dès le quatrième jour après l'accident. Sans plus attendre, il veut s'attaquer au programme de rééducation que lui a prescrit le médecin…

L'enquête technique, au moment d'expliquer la panne du réacteur, pointera du doigt la rupture d'un joint d'étanchéité du palier d'arbre de turbine. Jack, lui, ne tarde pas à revoler. Pourtant, il explique à ses proches et à ses amis qu'il lui faut faire le « deuil » du dernier Mystère IV encore en état de vol avant l'accident. Sa peine est réelle, profonde. Mais sa joie d'avoir évité la foule des gradins de Saint-Dizier (et d'être sorti vivant de cette aventure !) l'est encore plus…

Onze ans plus tard, il terminera sa carrière de pilote professionnel en qualité de commandant de bord à Air France sur Airbus monocouloirs (famille A320).

En février 2010, toujours sollicité pour piloter toutes sortes d'avions en meeting, Jack Krine totalise quelque 20 000 heures de vol.

François BLANC
Journaliste
Président de l'Association des journalistes professionnels
de l'aéronautique et de l'espace (AJPAE)

YOURI GAGARINE, L'ÉTOILE FILANTE

GZHATSK, NORD-OUEST DE LA *RUSSIE*, JUIN 1949...
LA RUSSIE SORT TOUT JUSTE D'UNE GUERRE MEURTRIÈRE.
CELA FAIT 5 ANS QUE LES *NAZIS* SE SONT RETIRÉS
DES PETITS VILLAGES DONT ILS AVAIENT INVESTI MAISONS,
ÉCOLES ET ÉTABLISSEMENTS PUBLICS.
PEU À PEU, LA VIE ET LA LIBERTÉ ONT REPRIS LEURS DROITS
ET LES HABITANTS, DONT LA PLUPART FURENT MEURTRIS,
ONT RECONSTRUIT PATIEMMENT CE QUE L'ARMÉE
ALLEMANDE AVAIT DÉTRUIT EN PARTANT...

DILONG!

DILONG!

LA FAMILLE DE *YOURI GAGARINE*,
COMPOSÉE DE 4 ENFANTS, BIEN QUE
CONTRAINTE DE LAISSER SA MAISON
À UN SOLDAT ALLEMAND CRUEL ET
DE VIVRE DANS UNE TRANCHÉE-ABRI
DURANT PRESQUE 2 ANS,
N'A PAS ÉTÉ ENDEUILLÉE.

YOURI,
TU RENTRES EN SEPTIÈME,
L'ANNÉE PROCHAINE ?

NON.

POURQUOI ?
TU ES DANS LES
PREMIERS
DE LA CLASSE,
TU POURRAIS
ALLER LOIN !

JUSTEMENT, JE VEUX FAIRE DES
ÉTUDES SUPÉRIEURES. MAIS IL FAUT
DE L'ARGENT POUR ÇA ET NI MON
PÈRE NI MA MÈRE N'EN ONT.
JE DOIS GAGNER MA VIE D'ABORD.

GAGNER TA VIE, DÉJÀ ?
ET COMMENT VAS-TU FAIRE ?

FÉLICITATIONS, YOURI !
TU AS À PEINE 21 ANS ET TU AS APPRIS
À PILOTER EN DEUX FOIS MOINS
DE TEMPS QUE LA MOYENNE !
DÉSORMAIS, IL VA TE FALLOIR
FAIRE UN CHOIX.

UN CHOIX ?
COMMENT ÇA, BORIS ?

YOURI, TU AS LA CHANCE D'ÊTRE DOUÉ.
DEUX CARRIÈRES POSSIBLES S'OFFRENT À TOI :
FONDEUR OU PILOTE MILITAIRE.
DANS LES DEUX CAS,
TU EN AS LE DIPLÔME
ET LES COMPÉTENCES !

DEUX CARRIÈRES ?... J'ADORE LES
AVIONS ET LES ÉTOILES MAIS
JE NE PENSAIS PAS EN FAIRE MON
MÉTIER...

YOURI, PEU DE GENS
ONT LA CHANCE DE POUVOIR FAIRE
UN CHOIX DANS LA VIE ! SOUVENT
C'EST ELLE QUI LE LEUR IMPOSE !

TU NE PILOTES PAS,
TU FAIS LITTÉRALEMENT CORPS
AVEC LES AVIONS ! TU PASSES TON
TEMPS À LIRE LES OUVRAGES DE
TSIOLKOVSKI, TU VIENS REGARDER
LES AVIONS DURANT DES HEURES,
TU PASSES DES NUITS ENTIÈRES À
REGARDER LES ÉTOILES ! EN 25 ANS
DE CARRIÈRE JE N'AI JAMAIS VU
QUELQU'UN À CE POINT FAIT POUR
LE CIEL !

JE VOIS...
TOUJOURS CE FAMEUX DESTIN,
CES RÊVES... QUE ME
CONSEILLES-TU, BORIS ?

L'ÉCOLE SUPÉRIEURE DE PILOTAGE
DE L'ARMÉE DE L'AIR VOROCHILOV,
À TCHKALOVSK, RECHERCHE DES
JEUNES GENS DOUÉS COMME TOI.
JE CONNAIS SON DIRECTEUR ADJOINT.
UN MOT DE TOI, UN SEUL, YOURI,
ET JE T'Y FAIS ENTRER !

C'EST L'HEURE DES CHOIX,
YOURI.
LE MANCHE À GAUCHE
OU LE MANCHE À DROITE ?

YOURI A FAIT SON CHOIX.
A L'ÉCOLE SUPÉRIEURE DE PILOTAGE
DE L'ARMÉE DE L'AIR, IL APPREND
À PILOTER UN MIG-15.

C'EST DANS CETTE PRESTIGIEUSE
ÉCOLE QUE YOURI DÉCOUVRE LE
MONDE DE L'AVIATION ET S'AVÈRE
UN ÉLÈVE EXTRÊMEMENT DOUÉ.
EN 1957 IL PASSE SES EXAMENS ET LES
RÉUSSIT AVEC BRIO !

IL PARAÎT QUE C'EST TOI LE JEUNE GÉNIE DE L'AVIATION? TOUTE L'ÉCOLE NE PARLE QUE DE TA FAÇON DE PILOTER LES MIG-15 !

IL NE FAUT PAS CROIRE TOUT CE QUE LES GENS RACONTENT! JE ME DÉBROUILLE BIEN AVEC UN MIG MAIS JE PERDS TOUS MES MOYENS DEVANT UNE JOLIE FEMME !

TANT MIEUX ! L'INVULNÉRABILITÉ M'A TOUJOURS FAIT PEUR.

VALENTINA GORIATCHEVA
ET YOURI GAGARINE
SE MARIENT EN NOVEMBRE 1957,
QUELQUES MOIS APRÈS
QUE YOURI SOIT AFFECTÉ
À LA FLOTTE DU NORD.

LE 10 AVRIL 1959 NAÎT LEUR
PREMIÈRE FILLE, ELENA.
MAIS, CURIEUSEMENT,
POUR YOURI C'EST
ÉGALEMENT LE JOUR OÙ SON DESTIN
PREND UN TOURNANT FATIDIQUE...

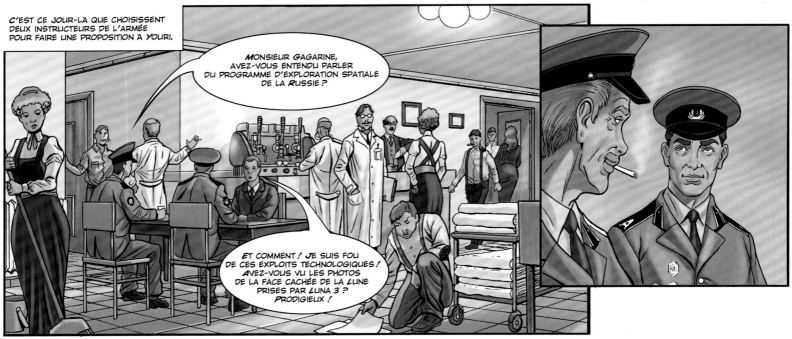

C'EST CE JOUR-LÀ QUE CHOISISSENT DEUX INSTRUCTEURS DE L'ARMÉE POUR FAIRE UNE PROPOSITION À YOURI.

MONSIEUR GAGARINE, AVEZ-VOUS ENTENDU PARLER DU PROGRAMME D'EXPLORATION SPATIALE DE LA *RUSSIE* ?

ET COMMENT ! JE SUIS FOU DE CES EXPLOITS TECHNOLOGIQUES ! AVEZ-VOUS VU LES PHOTOS DE LA FACE CACHÉE DE LA LUNE PRISES PAR *LUNA 3* ? PRODIGIEUX !

MONSIEUR GAGARINE, CELA VOUS PLAIRAIT-IL DE TENTER VOTRE CHANCE POUR DEVENIR COSMONAUTE ?

COSMONAUTE...? J'IGNORAIS QUE L'ARMÉE EN RECRUTAIT !

L'ARMÉE A CRÉÉ LE GROUPE *TSPK-1* ET PROCÈDE AU RECRUTEMENT DES FUTURS COSMONAUTES PARMI LES PILOTES LES PLUS AGUERRIS. VOULEZ-VOUS TENTER L'AVENTURE ?

JE TENTERAI ET JE RÉUSSIRAI !

DÉSORMAIS, LE DESTIN DE *YOURI GAGARINE* ÉTAIT SCELLÉ.

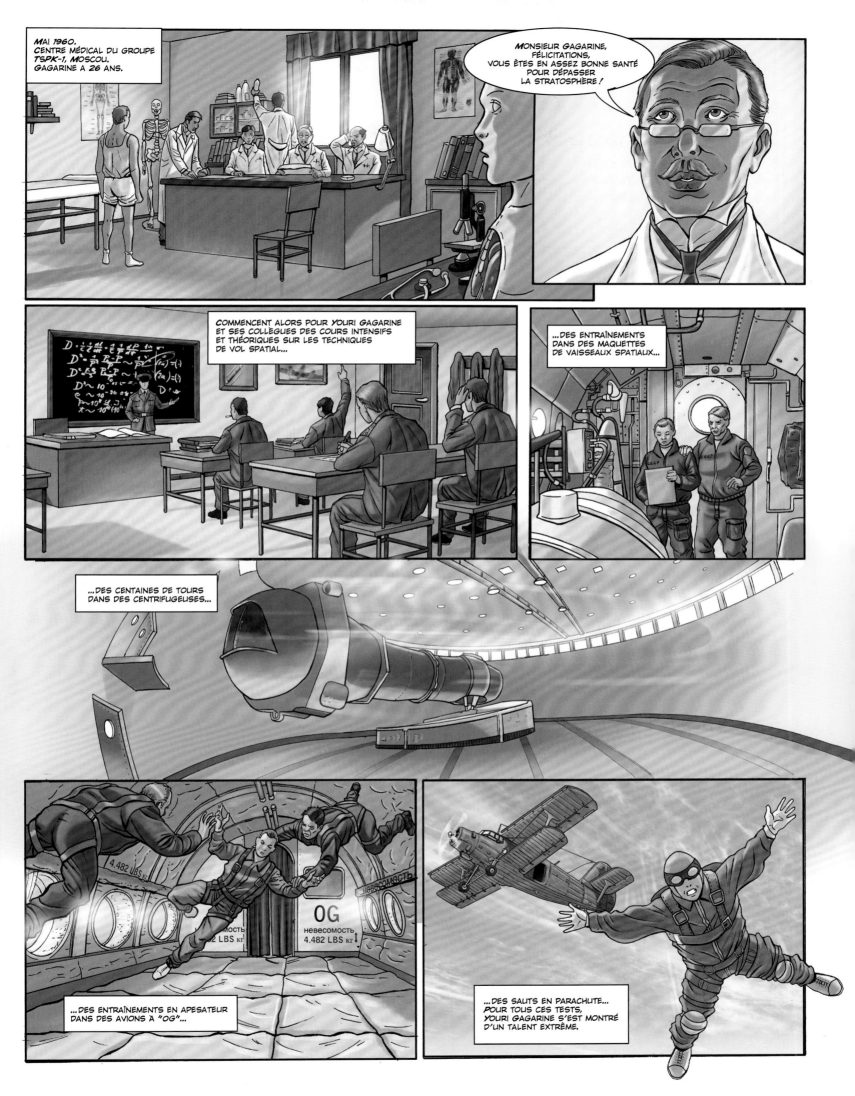

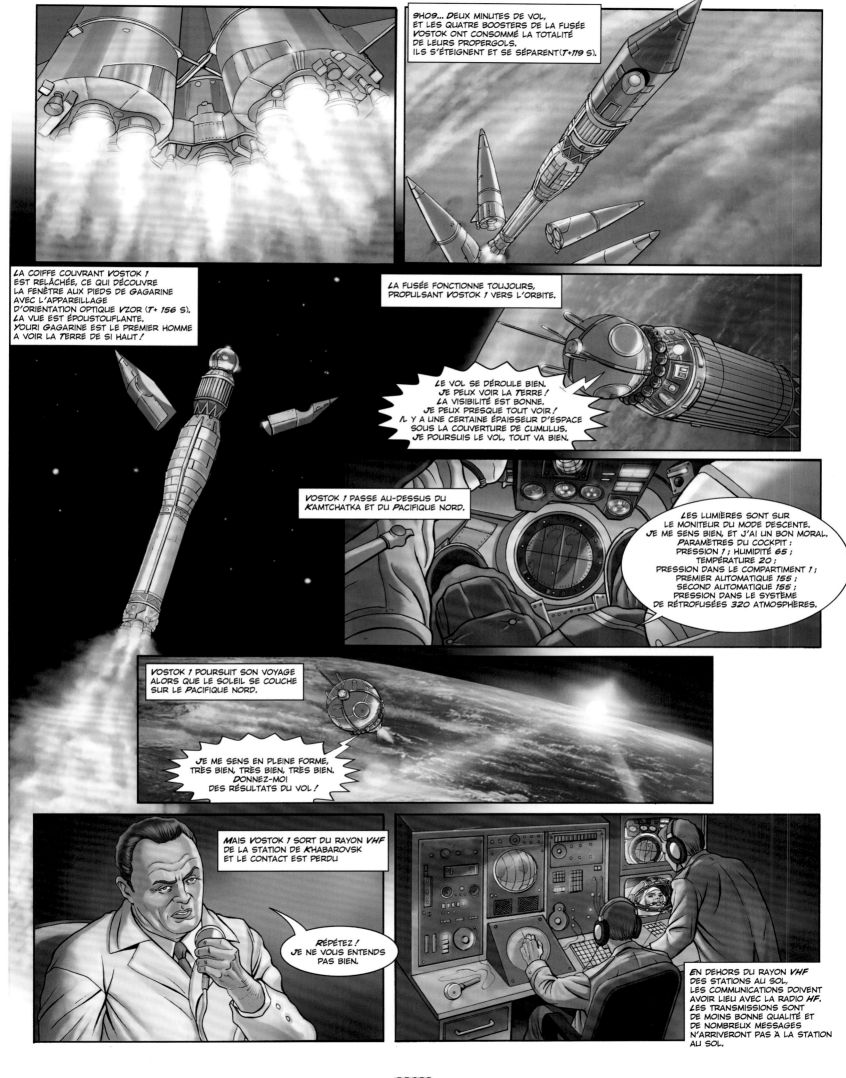

9H09... DEUX MINUTES DE VOL, ET LES QUATRE BOOSTERS DE LA FUSÉE VOSTOK ONT CONSOMMÉ LA TOTALITÉ DE LEURS PROPERGOLS. ILS S'ÉTEIGNENT ET SE SÉPARENT (T+119 S).

LA COIFFE COUVRANT VOSTOK 1 EST RELÂCHÉE, CE QUI DÉCOUVRE LA FENÊTRE AUX PIEDS DE GAGARINE AVEC L'APPAREILLAGE D'ORIENTATION OPTIQUE VZOR (T+ 156 S). LA VUE EST ÉPOUSTOUFLANTE. YOURI GAGARINE EST LE PREMIER HOMME A VOIR LA TERRE DE SI HAUT !

LA FUSÉE FONCTIONNE TOUJOURS, PROPULSANT VOSTOK 1 VERS L'ORBITE.

LE VOL SE DÉROULE BIEN. JE PEUX VOIR LA TERRE ! LA VISIBILITÉ EST BONNE. JE PEUX PRESQUE TOUT VOIR ! IL Y A UNE CERTAINE ÉPAISSEUR D'ESPACE SOUS LA COUVERTURE DE CUMULUS. JE POURSUIS LE VOL, TOUT VA BIEN.

VOSTOK 1 PASSE AU-DESSUS DU KAMTCHATKA ET DU PACIFIQUE NORD.

LES LUMIÈRES SONT SUR LE MONITEUR DU MODE DESCENTE. JE ME SENS BIEN, ET J'AI UN BON MORAL. PARAMÈTRES DU COCKPIT : PRESSION 1 ; HUMIDITÉ 65 ; TEMPÉRATURE 20 ; PRESSION DANS LE COMPARTIMENT 1 ; PREMIER AUTOMATIQUE 155 ; SECOND AUTOMATIQUE 155 ; PRESSION DANS LE SYSTÈME DE RÉTROFUSÉES 320 ATMOSPHÈRES.

VOSTOK 1 POURSUIT SON VOYAGE ALORS QUE LE SOLEIL SE COUCHE SUR LE PACIFIQUE NORD.

JE ME SENS EN PLEINE FORME, TRÈS BIEN, TRÈS BIEN, TRÈS BIEN. DONNEZ-MOI DES RÉSULTATS DU VOL !

MAIS VOSTOK 1 SORT DU RAYON VHF DE LA STATION DE KHABAROVSK ET LE CONTACT EST PERDU

RÉPÉTEZ ! JE NE VOUS ENTENDS PAS BIEN.

EN DEHORS DU RAYON VHF DES STATIONS AU SOL, LES COMMUNICATIONS DOIVENT AVOIR LIEU AVEC LA RADIO HF. LES TRANSMISSIONS SONT DE MOINS BONNE QUALITÉ ET DE NOMBREUX MESSAGES N'ARRIVERONT PAS À LA STATION AU SOL.

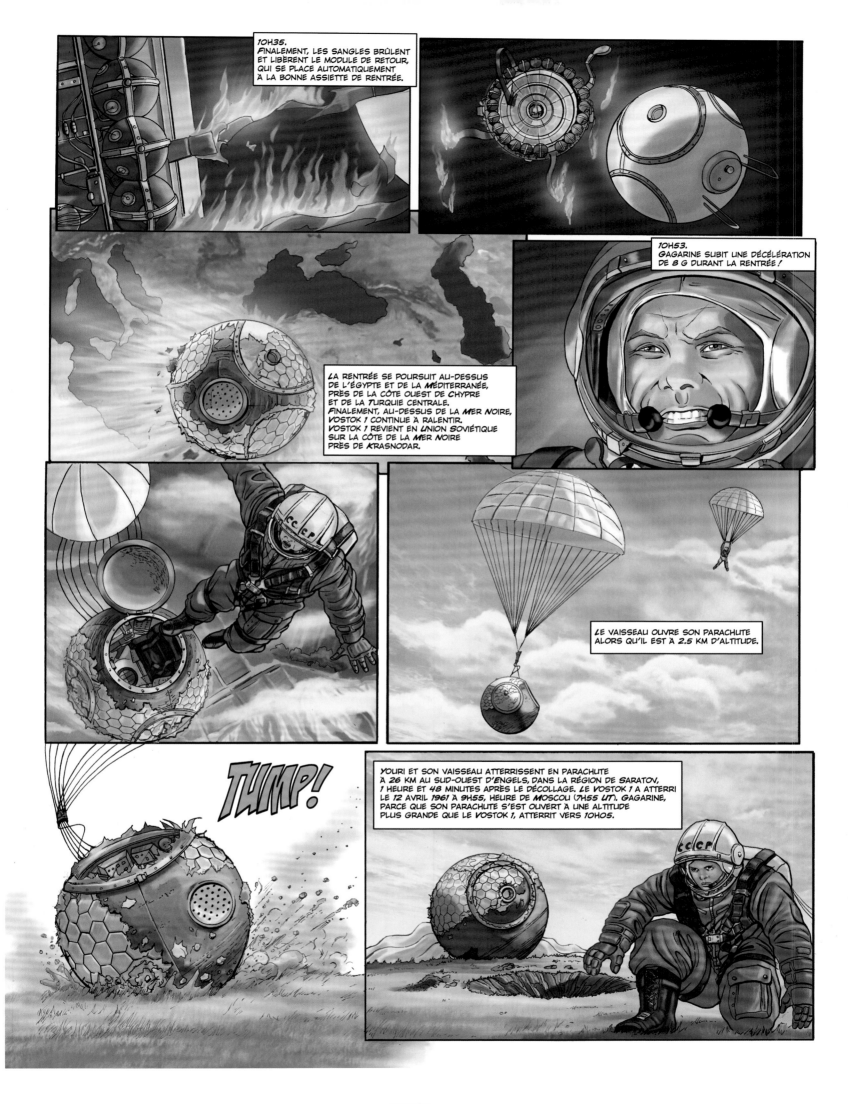

10H35.
FINALEMENT, LES SANGLES BRÛLENT ET LIBÈRENT LE MODULE DE RETOUR, QUI SE PLACE AUTOMATIQUEMENT À LA BONNE ASSIETTE DE RENTRÉE.

10H53.
GAGARINE SUBIT UNE DÉCÉLÉRATION DE 8 G DURANT LA RENTRÉE !

LA RENTRÉE SE POURSUIT AU-DESSUS DE L'ÉGYPTE ET DE LA MÉDITERRANÉE, PRÈS DE LA CÔTE OUEST DE CHYPRE ET DE LA TURQUIE CENTRALE.
FINALEMENT, AU-DESSUS DE LA MER NOIRE, VOSTOK 1 CONTINUE À RALENTIR.
VOSTOK 1 REVIENT EN UNION SOVIÉTIQUE SUR LA CÔTE DE LA MER NOIRE PRÈS DE KRASNODAR.

LE VAISSEAU OUVRE SON PARACHUTE ALORS QU'IL EST À 2.5 KM D'ALTITUDE.

THMP!

YOURI ET SON VAISSEAU ATTERRISSENT EN PARACHUTE À 26 KM AU SUD-OUEST D'ENGELS, DANS LA RÉGION DE SARATOV, 1 HEURE ET 48 MINUTES APRÈS LE DÉCOLLAGE. LE VOSTOK 1 A ATTERRI LE 12 AVRIL 1961 À 9H55, HEURE DE MOSCOU (7H55 UT). GAGARINE, PARCE QUE SON PARACHUTE S'EST OUVERT À UNE ALTITUDE PLUS GRANDE QUE LE VOSTOK 1, ATTERRIT VERS 10H05.

APRÈS CE FANTASTIQUE EXPLOIT,
YOURI GAGARINE EST ÉLEVÉ
AU GRADE DE MAJOR ET DEVIENT
UN VÉRITABLE HÉROS NATIONAL.

YOURI PARCOURT LE MONDE
ENTIER ET EST ACCUEILLI DANS DE TRÈS
NOMBREUX PAYS AVEC TOUS LES HONNEURS.

AU MOIS DE SEPTEMBRE 1963, IL PART EN VOYAGE OFFICIEL À PARIS
AVEC LE GÉNÉRAL KAMANINE. LES DEUX HOMMES VISITENT
LA CAPITALE FRANÇAISE AINSI QUE LE BOURGET ET L'UNESCO.
GAGARINE ACCORDE UNE INTERVIEW À PARIS MATCH
ET SE VOIT DÉCERNER UN PRIX DE 20 000 FRANCS
(ENVIRON 43 000€ ACTUELS) PAR LE 14ÈME CONGRÈS DE LA FAI.

MATCH

UN TÉMOIGNAGE HISTORIQUE QUE VOUS VOUDREZ GARDER
LE PREMIER HOMME
autour de la terre!
Nos photos exclusives de Moscou
et le reportage de Cartier retour de Russie

LE 6 NOVEMBRE 1963, YOURI EST
ÉLEVÉ AU GRADE DE COLONEL PUIS,
LE 20 DÉCEMBRE 1963,
IL DEVIENT COMMANDANT
EN SECOND DU TSPK
POUR L'ENTRAÎNEMENT.
MAIS CETTE VIE FASTUEUSE
DE STAR INTERNATIONALE L'ENNUIE.
CE QUE VEUT GAGARINE,
C'EST REPARTIR DANS L'ESPACE.
LE 21 JUIN 1964, IL FAIT SA DEMANDE
OFFICIELLE DE MUTATION AU
NOUVEAU PROGRAMME SPATIAL RUSSE.
POUR TOUTE RÉPONSE,
IL EST CONVOQUÉ AU KREMLIN...

MONSIEUR GAGARINE !
LE SECRÉTAIRE PÉTROV
VA VOUS RECEVOIR.

CE QUE VOUS DEMANDEZ
LÀ EST IMPOSSIBLE,
MONSIEUR GAGARINE !

IMPOSSIBLE !?
MAIS...

LE KREMLIN
VOUS INTERDIT
OFFICIELLEMENT DE REMONTER
DANS UN VAISSEAU SPATIAL !
ENFIN, YOURI, VOUS REPRÉSENTEZ
TROP DE CHOSES AUX YEUX DE LA NATION
POUR QUE LE PRÉSIDENT
VOUS LAISSE RISQUER
VOTRE VIE !

LE 27 MARS 1968,
À 10H19 HEURE LOCALE, LE MIG-15 BIPLACE
DÉCOLLE AVEC À SON BORD
YOURI ET SON INSTRUCTEUR, SERIOGUINE.

10H25.

C'EST BON,
ON EST DANS
LA ZONE DES MANŒUVRES !
TU PEUX COMMENCER, YOURI !

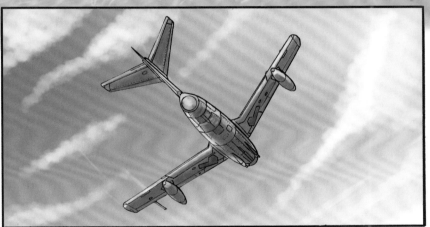

MANŒUVRES D'ENTRAÎNEMENT
TERMINÉES !
JE DEMANDE L'AUTORISATION
DE RENTRER !

ACCORDÉ !

COMPRIS ! J'EXÉCUTE !

À 10H30 LE 27 MARS 1968, YOURI GAGARINE ET LE HÉROS DE GUERRE VLADIMIR SERIOGUINE SONT TUÉS. YOURI AVAIT 34 ANS.

UNE COMMISSION D'ENQUÊTE EST AUSSITÔT MISE SUR PIEDS. ELLE DÉCOUVRE QUE L'ALTIMÈTRE DE BORD ÉTAIT DÉFECTUEUX, EMPÊCHANT LES PILOTES - POURTANT CHEVRONNÉS - DE CONNAÎTRE LEUR RÉELLE POSITION PAR RAPPORT AU SOL.

AU SOL, LE SYSTÈME D'ENREGISTREMENT PHOTOGRAPHIQUE DU RADAR NE FONCTIONNAIT PAS. DE PLUS, LA VERSION BIPLACE DU MIG-15 AVAIT ÉTÉ POURVUE DE RÉSERVOIRS D'APPOINTS DE KÉROSÈNE, QUI MODIFIAIENT SÉRIEUSEMENT LES CAPACITÉS AÉRODYNAMIQUES DE L'APPAREIL.

POUR COURONNER LE TOUT, LE SYSTÈME D'ÉJECTION REQUÉRAIT QU'EN CAS DE NÉCESSITÉ, C'ÉTAIT L'INSTRUCTEUR QUI L'ACTIONNE EN PREMIER.

MAIS LA CAUSE LA PLUS DIRECTE DE LA CATASTROPHE RÉSIDE SANS NUL DOUTE DANS LA MAUVAISE GESTION DU TRAFIC AÉRIEN DANS CETTE ZONE DE VOL. DEUX MIG-21 ET UN AUTRE MIG-15 ÉTAIENT EUX AUSSI EN EXERCICE DANS LES ENVIRONS, ET IL EST PROBABLE QU'ILS AIENT CRÉÉ UN VORTEX DANS LA TRAJECTOIRE DE L'ENGIN DE GAGARINE ET SERIOGUINE QUI AURAIT ALORS ÉTÉ DANGEREUSEMENT DÉSTABILISÉ.

LA MORT DE YOURI GAGARINE BOULEVERSA L'UNION SOVIÉTIQUE. LE CHOC NATIONAL FUT COMPARABLE À CELUI QUE LES AMÉRICAINS RESSENTIRENT LORS DE L'ASSASSINAT DE JOHN FITZGERALD KENNEDY. GAGARINE FUT ENTERRÉ AU KREMLIN, SANCTUAIRE DES HÉROS SOVIÉTIQUES.

FIN

SOUS LES TILLEULS

24 AVRIL 1945. QG DE MUNICH. TARD DANS LA SOIRÉE, LE GÉNÉRAL D'AVIATION RITTER VON GREIM, COMMANDANT DE LA 6ÈME FLOTTE AÉRIENNE, REÇOIT UN TÉLÉGRAMME LE CONVOQUANT AU BUNKER DE LA CHANCELLERIE. ORDRE DE HITLER.

QU'EST-CE QUE ÇA SIGNIFIE ? POURQUOI UN ORDRE DE HITLER, ET NON DU REICHSMARSCHALL ?

VON GREIM CONVOQUE LE CÉLÈBRE PILOTE D'ESSAI HANNA REITSCH ET LUI EXPLIQUE LA NATURE DE LA MISSION.

LE 26, ILS SE POSENT D'ABORD À RECHLIN.

L'AÉROPORT DE LA CAPITALE EST SOUS LE CONTRÔLE DES RUSSES. NOUS DEVRONS DONC NOUS POSER DANS BERLIN MÊME, LE PLUS PRÈS POSSIBLE DE LA CHANCELLERIE. SAVEZ-VOUS PILOTER UN HÉLICOPTÈRE ?

OUI, GÉNÉRAL.

IMPOSSIBLE D'ACCÉDER À VOTRE DEMANDE, MON GÉNÉRAL : NOUS AVONS BIEN UN HÉLICOPTÈRE, MAIS IL A ÉTÉ ENDOMMAGÉ LORS D'UN BOMBARDEMENT.

VOUS EN TROUVEREZ PEUT-ÊTRE UN À GATOW. POUR VOUS Y RENDRE, JE VAIS VOUS DONNER UN FOCKE WULF 190, ET UNE ESCORTE. ET COMME PILOTE, VOUS AUREZ UN AS ; C'EST CELUI QUI A DÉJÀ EMMENÉ ALFRED SPEER.

Scénario : Pierre Veys • Dessins & couleurs : Carlos Puerta Cuevas

LE FOCKE WULF 190 NE POUVANT TRANSPORTER QUE 2 PASSAGERS, LE GÉNÉRAL ET LE PILOTE, ON PRATIQUA UNE OUVERTURE DANS LA QUEUE DE L'APPAREIL POUR Y LOGER INCONFORTABLEMENT LA PETITE HANNA REITSCH.

UNE QUARANTAINE DE CHASSEURS CONSTITUAIT L'ESCORTE.

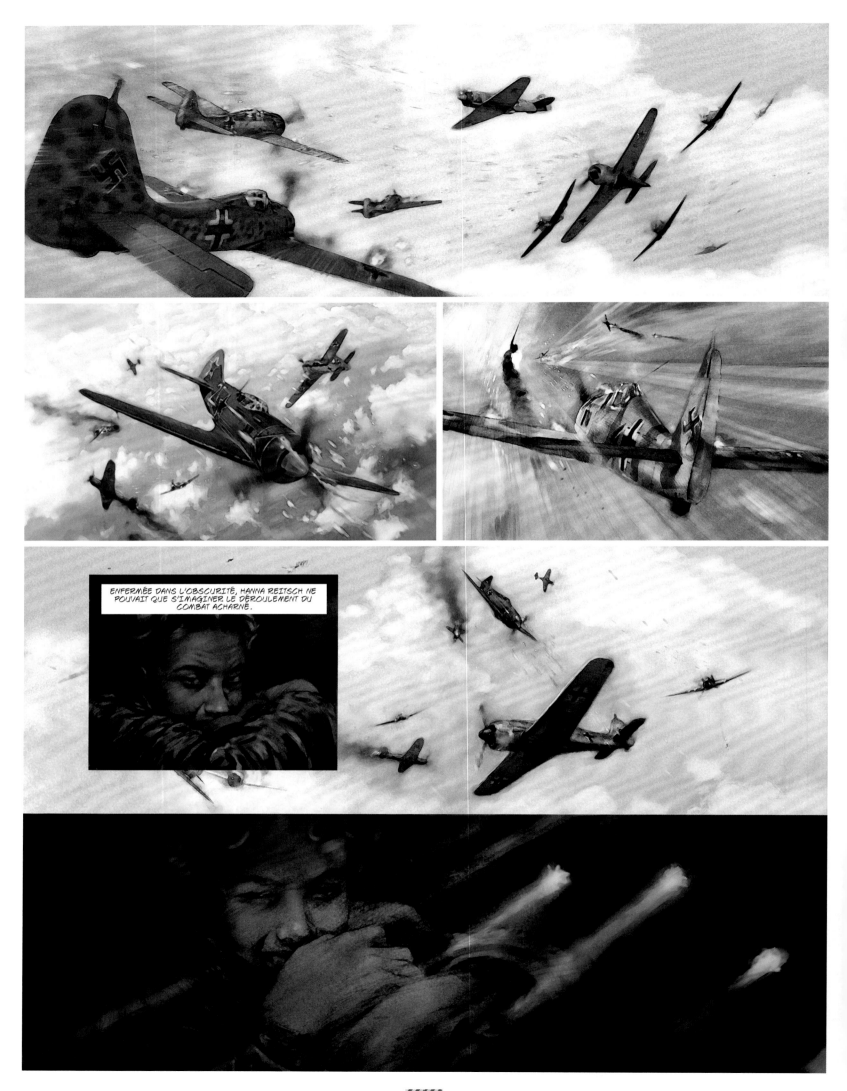

ENFERMÉE DANS L'OBSCURITÉ, HANNA REITSCH NE POUVAIT QUE S'IMAGINER LE DÉROULEMENT DU COMBAT ACHARNÉ.

BEAUCOUP DE CHASSEURS ALLEMANDS FURENT ABATTUS. MAIS LE FOCKE WULF DE VON GREIM ET HANNA REITSCH PUT ATTERRIR À GATOW.

NON, NOUS N'AVONS PAS D'HÉLICOPTÈRE.

NOUS NE POUVONS PAS REPRENDRE LE FOCKE WULF. AVEC UN APPAREIL AUSSI RAPIDE, IL NOUS FAUDRAIT UNE LONGUE PISTE POUR ATTERRIR... BERLIN EST EN RUINES, ON NE TROUVERA PAS D'ENDROIT PROPICE.

IL RESTE UNE SOLUTION...

AVEC UN FIESELER STORCH, VOUS POUVEZ VOUS POSER SUR UNE DISTANCE TRÈS COURTE... IL DOIT BIEN RESTER UN MORCEAU D'AVENUE DÉGAGÉ, AU CENTRE VILLE.

LES CHASSEURS QUI NOUS RESTENT VONT TOURNER AU-DESSUS DE L'AÉROPORT POUR ACCROCHER LA CHASSE RUSSE ET PROTÉGER VOTRE DÉCOLLAGE.

UNE DEMI-HEURE PLUS TARD.

JE SUIS
TOUCHÉ !

IL FAUT QUE
J'ARRIVE À
ME REPÉRER....

LÀ ! LA TOUR DE LA RADIO!....
JE NE SUIS PAS LOIN DE
LA PORTE DE BRANDEBOURG !

REGARDEZ, HANNA.

LES SS PENDENT LES "DÉSERTEURS"... DES PAUVRES TYPES QUI ESSAIENT DE SURVIVRE DANS CET ENFER. AVANT, LES FAMILLES SE PROMENAIENT LE DIMANCHE, À L'OMBRE DES TILLEULS. MAINTENANT, ILS SERVENT DE GIBET.

RÉCUPÉRÉS PAR UNE PATROUILLE, ILS SONT CONDUITS DANS LE BUNKER DE HITLER QUI LES REÇOIT RAPIDEMENT.

SAVEZ-VOUS POURQUOI JE VOUS AI FAIT VENIR ICI ?

NON, MON FÜHRER.

HERMAN GOERING M'A TRAHI ! ET IL A TRAHI LA PATRIE !

VON GREIM, JE VOUS FAIS MARÉCHAL. ET JE VOUS DONNE LE COMMANDEMENT EN CHEF DE LA LUFTWAFFE. REPOSEZ-VOUS UN PEU, ET VOUS IREZ PRENDRE VOTRE COMMANDEMENT.

C'EST TOUT ?... C'EST POUR CELA QU'ON A RISQUÉ CENT FOIS NOTRE VIE, ET QUE LES PILOTES DE NOTRE ESCORTE SE SONT FAIT MASSACRER ?

IL AURAIT PU VOUS L'ANNONCER SIMPLEMENT PAR RADIO....

FAREWELL GLENN MILLER

Scénario: Frédéric Desrues - Dessin: Gerardo Balsa - Couleurs: Sylvaine Scomazzon

QUE S'EST-IL PASSÉ LE 15 DÉCEMBRE 1944 ? EN 1956, FRED SHAW EST VENU VOIR LE FILM RETRAÇANT MA VIE. IL SE RAPPELA ALORS CE QU'IL AVAIT VÉCU CE 15 DÉCEMBRE, À L'ÉPOQUE OÙ IL ÉTAIT JEUNE NAVIGATEUR DE LA R.A.F.

1956. QUELQUE PART EN ANGLETERRE.

C'EST JAMES STEWART QUI JOUE LE RÔLE DE GLENN MILLER ?

OUI, ET LOUIS ARMSTRONG JOUE SON PROPRE RÔLE !

The Glenn Miller Story

15 DÉCEMBRE 1944, SUR LA BASE DE METHWOLD EN ANGLETERRE, BRIEFING DU 149 SQUADRON

BONJOUR À TOUS. JE SAIS QUE NOËL TARDE À TOUS MAIS IL NOUS FAUT ENCORE ALLER BOMBARDER L'ALLEMAGNE

ICI, EN WESTPHALIE À 40 MILES AU NORD-EST DE BONN... L'OBJECTIF : LA GARE DE TRIAGE DE SIEGEN

PENDANT CE TEMPS-LÀ... À PROXIMITÉ DE LA BASE TWINWOOD FARM, À 50 MILES AU NORD-OUEST DE LONDRES

UNE CHANCE QUE JE VOUS AIE RENCONTRÉ HIER SOIR MAJOR MILLER !

OUI, C'EST AIMABLE À VOUS D'AVOIR PROPOSÉ À GLENN MILLER UNE PLACE DANS VOTRE AVION

OUI, ÇA FAIT DEUX JOURS QUE LA MÉTÉO M'EMPÊCHE DE PARTIR POUR PARIS ET MES MUSICIENS M'ATTENDENT POUR PRÉPARER L'OLYMPIA

ECC 921

ALORS LE NOUVEAU, ÇA FAIT QUOI DE VOLER DANS UN CONVOI DE 138 LANCASTERS ? AU FAIT, C'EST QUOI TON NOM DÉJÀ ?

SHAW... FRED SHAW, SIR !

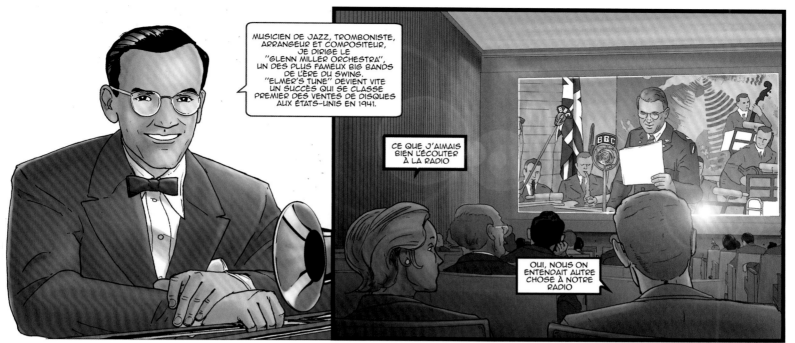

MUSICIEN DE JAZZ, TROMBONISTE, ARRANGEUR ET COMPOSITEUR, JE DIRIGE LE "GLENN MILLER ORCHESTRA", UN DES PLUS FAMEUX BIG BANDS DE L'ÈRE DU SWING. "ELMER'S TUNE" DEVIENT VITE UN SUCCÈS QUI SE CLASSE PREMIER DES VENTES DE DISQUES AUX ÉTATS-UNIS EN 1941.

CE QUE J'AIMAIS BIEN L'ÉCOUTER À LA RADIO

OUI, NOUS ON ENTENDAIT AUTRE CHOSE À NOTRE RADIO

À TOUT L'ÉQUIPAGE, ON EST PARTI POUR DEUX HEURES DE VOL EN DIRECTION DE SIEGEN... ET PUIS RETOUR AU BERCAIL ! LE NOUVEAU FAIT FÊTER SON PREMIER BOMBARDEMENT !

HÉ, LE NOUVEAU, C'EST OÙ QUE T'AS APPRIS À FAIRE NAVIGATEUR DÉJÀ ?

MAIS SI GLENN, JE VOUS ASSURE QUE L'ON VA DÉCOLLER !

AVEC CE BROUILLARD ET CE FROID... MÊME LES OISEAUX RESTENT CLOUÉS AU SOL...

FRED, TU SAIS OÙ ON EST BIEN SÛR ?

OUI, MON LIEUTENANT, ON VA PAS TARDER À SURVOLER LE SUD DE BRUXELLES

EN 1942, JE REÇOIS LE PREMIER DISQUE D'OR DE L'HISTOIRE DE L'INDUSTRIE DU DISQUE, POUR RÉCOMPENSER LA VENTE DE 1 200 000 COPIES DE "CHATTANOOGA CHOO CHOO". CHATTANOOGA, NOM D'ORIGINE CHEROKEE, EST UNE VILLE DU TENNESSÉE OÙ TRANSITENT DE NOMBREUX TRAINS, D'OÙ "CHOO CHOO"...

ELLES NE NOUS MANQUERONT PAS CES BOMBES VOLANTES !

LAISSE-MOI ÉCOUTER LA MUSIQUE UN PEU...

JE REVIENS DU CANADA...

N°. 1 CENTRAL NAVIGATION SCHOOL

RIVERS MANITOBA

#1 CNS RCAF

470285

HÉ FRED ! TU DISCUTES OU TU SUIS LA NAV !

OUI, SIR !

Codes North West Europe

TWINWOOD AIRFIELD

NOUS VOICI ARRIVÉS GLENN

LE VENT EST DU 180, POUR 12 NŒUDS, TEMPÉRATURE -4°C, LE PLAFOND EST À 2000 PIEDS.

PREMIÈRE ESCALE : GLENN MILLER. ENSUITE DIRECTION PARIS ET SES JOLIES FILLES !!

470285

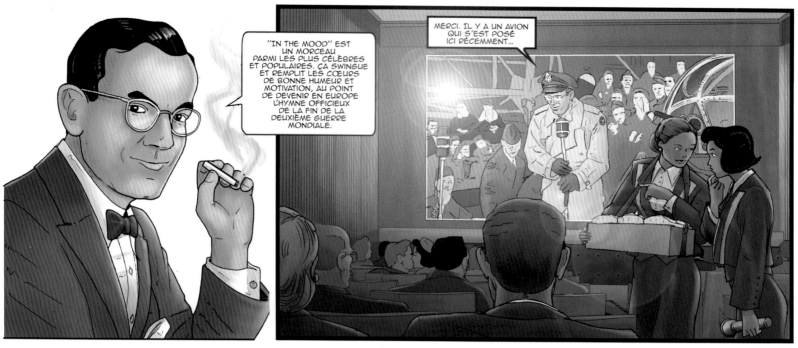

"IN THE MOOD" EST UN MORCEAU PARMI LES PLUS CÉLÈBRES ET POPULAIRES. ÇA SWINGUE ET REMPLIT LES CŒURS DE BONNE HUMEUR ET MOTIVATION, AU POINT DE DEVENIR EN EUROPE L'HYMNE OFFICIEL DE LA FIN DE LA DEUXIÈME GUERRE MONDIALE.

MERCI. IL Y A UN AVION QUI S'EST POSÉ ICI RÉCEMMENT...

À TOUS, LA MISSION EST ANNULÉE. JE RÉPÈTE LA MISSION EST ANNULÉE. NOTRE ESCORTE N'A PAS PU DÉCOLLER À CAUSE DU BROUILLARD. CAP SUR LA ZONE DE LARGAGE SUD

CAP SUR LA ZONE DE LARGAGE SUD, COMPRIS FRED ?

OUI, SIR !

JE NE LA VOIS PAS SUR LA CARTE...

C'EST LE GENRE DE CHOSE QUE L'ON NE MET JAMAIS SUR UNE CARTE... 50 MILES AU SUD DE BEACHY HEAD...

'SCUSEZ DU RETARD... CETTE FICHUE MÉTÉO

MAIS VOTRE AVION, IL N'A QU'UN SEUL MOTEUR... ET PAS DE PARACHUTE

GLENN... LINDBERGH A BIEN TRAVERSÉ TOUT L'ATLANTIQUE AVEC UN SEUL MOTEUR... DÉCOLLONS TANT QUE LA MÉTÉO LE PERMET...

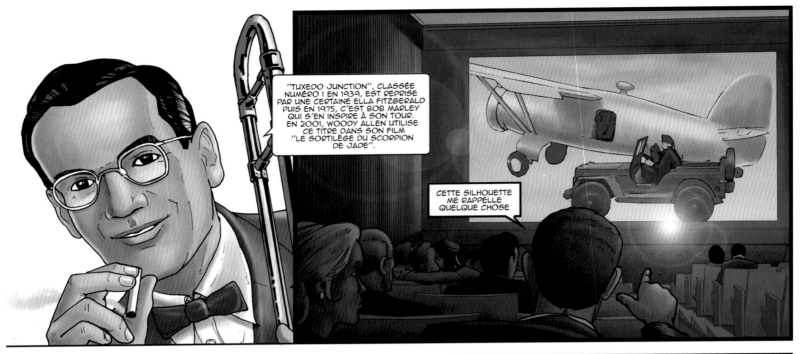

"TUXEDO JUNCTION", CLASSÉE NUMÉRO 1 EN 1939, EST REPRISE PAR UNE CERTAINE ELLA FITZGERALD PUIS EN 1975, C'EST BOB MARLEY QUI S'EN INSPIRE À SON TOUR. EN 2001, WOODY ALLEN UTILISE CE TITRE DANS SON FILM "LE SORTILÈGE DU SCORPION DE JADE".

CETTE SILHOUETTE ME RAPPELLE QUELQUE CHOSE

POUR TOUS, CONFIRMEZ SOUTES À BOMBES OUVERTES...

JE VAIS DESCENDRE À 1500 PIEDS. ON N'Y VOIT RIEN DANS CETTE PURÉE DE POIS...

POURQUOI VOUS AVEZ VOLÉ PLEIN SUD ? ON NE POUVAIT METTRE LE CAP SUR PARIS AVANT DE QUITTER LA CÔTE ?

IL FAUT SUIVRE LE PASSAGE DE *SHAEF** POUR ÉVITER NOTRE DCA ET AUTRE TRUC DÉSAGRÉABLE AU SOL. UNE FOIS PASSÉ BEACHY HEAD, ON PEUT METTRE LE CAP SUR PARIS, MON COLONEL....

* ÉTAT-MAJOR SUPRÊME DES FORCES EXPÉDITIONNAIRES ALLIÉES

EN 1942, DEUX MOIS APRÈS L'ATTAQUE SUR PEARL HARBOR, J'ENREGISTRAIS AVEC MON GROUPE "DON'T SEAT UNDER AN APPLE TREE"... NE T'ASSIEDS PAS SOUS UN POMMIER...

C'EST PAS UN PEU TROP BRUMEUX ?

ON DIRAIT UN C-64 COMME UN DE CEUX DE MANITOBA...

LARGUEUR PARÉ !

METS-TOI LÀ FRED ; TU VERRAS BIEN...

QUI M'AURAIT DIT UN JOUR ... ÇA FAIT QUATRE MOIS QUE JE SUIS BREVETÉ, 24 MISSIONS À MON ACTIF... ET J'EMMÈNE GLENN MILLER À PARIS !

LARGAGE !

SI ON M'AVAIT DIT QU'EN 2003, ON ME REMETTRAIT UN "GRAMMY AWARDS" POUR L'ENSEMBLE DE MON ŒUVRE...

?!

C'EST PARTI !

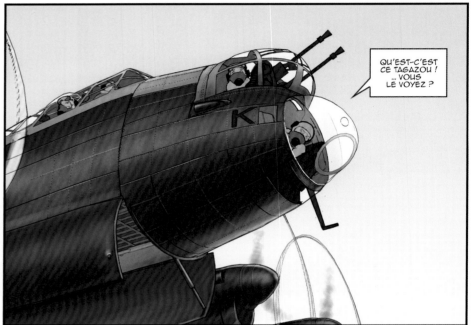

QU'EST-C'EST CE TAGAZOU ! ...VOUS LE VOYEZ ?

GLENN, VOUS ALLEZ NOUS LES FAIRE SWINGUER NOS BOYS À NOËL !

OUI, IL ME TARDE DE DÉCOUVRIR L'OLYMPIA !

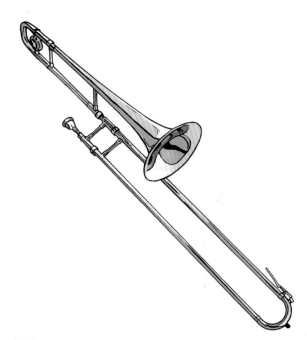

AUCUN NORSEMAN NE S'EST POSÉ ICI CES DEUX OU TROIS DERNIERS JOURS

MON DIEU ! C'ÉTAIT BIEN UN NORSEMAN !

MON DIEU ! ON AURAIT DIT UN NORSEMAN !

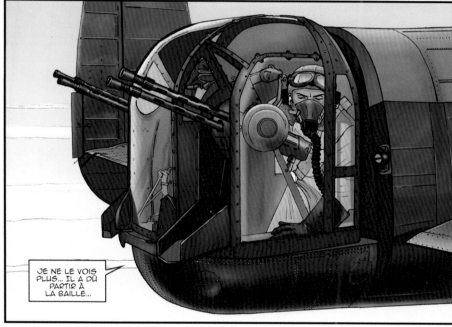

JE NE LE VOIS PLUS... IL A DÛ PARTIR À LA BAILLE...

??!!

IN MEMORY
Major A. Glenn Miller
05057273
U.S. Army Air Force- W. W. II
Born- Clarinda, Iowa-
March 1, 1904
Missing in Action-
Europe, Dec 15, 1944
1943 - 1944
418th A.A.F.T.T.C. Band-
Yale University- New Haven, CT.
I SUSTAIN THE WINGS

Sustineo Alas

QUELLES QUE SOIENT LES THÉORIES ET LES OPINIONS DE CHACUN, GLENN MILLER A BIEN DISPARU CE JOUR-LÀ. LA VÉRITÉ EST-ELLE AU FOND DE LA MER ? À CHACUN D'EN JUGER...

LE SINGE À QUEUE ROUGE

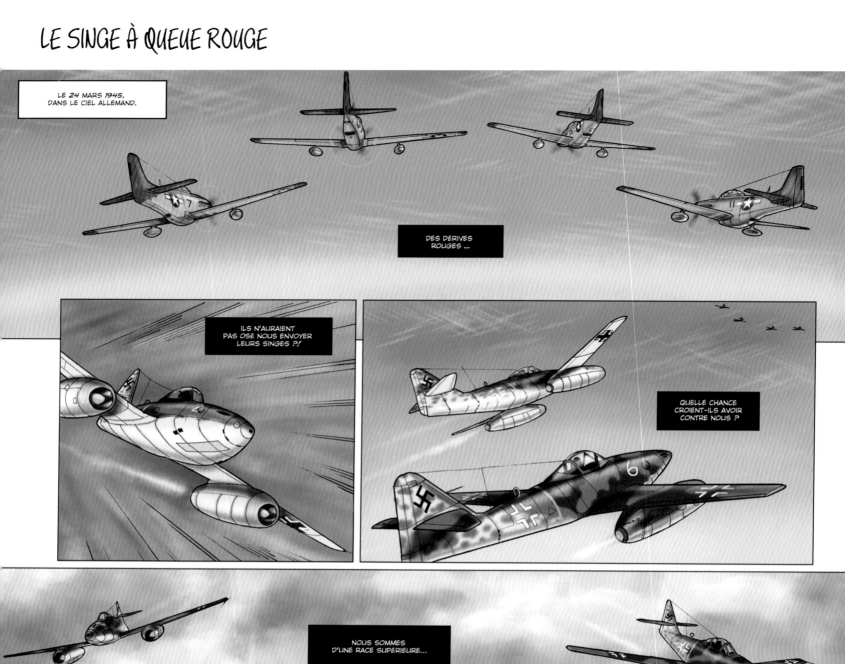

LE 24 MARS 1945, DANS LE CIEL ALLEMAND.

DES DÉRIVES ROUGES ...

ILS N'AURAIENT PAS OSÉ NOUS ENVOYER LEURS SINGES ?!

QUELLE CHANCE CROIENT-ILS AVOIR CONTRE NOUS ?

NOUS SOMMES D'UNE RACE SUPÉRIEURE...

... ET NOTRE TECHNOLOGIE LES DÉPASSE.

LA RADIO ME CRACHE QU'ILS ONT ABATTU DEUX DES NÔTRES...

LA CHANCE DES SIMPLES D'ESPRIT. À MOINS QUE CE NE SOIT LEUR INSTINCT D'ANIMAL.

MAIS C'EST FINI. IL EST TEMPS DE LES CORRIGER.

Scénario : Patrice Buendia • Dessins : Michel Montheillet • Couleurs : Vincent Jagerschmidt

ENFANT, JE N'AURAIS JAMAIS IMAGINÉ POUVOIR DÉFENDRE MES CONVICTIONS, LES ARMES À LA MAIN.

NOUS, QU'ON APPELAIT À L'ÉPOQUE "LES GENS DE COULEUR", AVIONS L'AMÈRE HABITUDE DE SUBIR LA VIOLENCE.

FIN DES ANNÉES 20, DANS LES ENVIRONS DE WASHINGTON.

...MAIS J'AVAIS LA CHANCE DE NE PAS ÊTRE LE FILS D'UN REDNECK !

MON PÈRE ÉTAIT UN HOMME ÉDUQUÉ, RESPECTÉ DANS SA COMMUNAUTÉ.

PAPA, ON POURRAIT FAIRE UN TOUR EN AVION ?!

FILS, JE CRAINS QUE ÇA NE SOIT RÉSERVÉ AUX BLANCS...

JE NE VEUX PAS LE SAVOIR. TU ME DIS DE TRAVAILLER À L'ÉCOLE POUR AVOIR LE CHOIX DE DEVENIR CE QUE JE VEUX.

À QUOI ÇA SERT, SI TOUT CE QU'IL Y A DE PLUS INTÉRESSANT NOUS EST INTERDIT.

APRÈS TOUT, TA PEAU EST ASSEZ CLAIRE POUR QU'ON TENTE LE COUP. LAISSE-MOI PARLER, FILS.

BONJOUR MONSIEUR ! ON M'A CONFIÉ LA DÉLICATE TÂCHE DE DISTRAIRE LE FILS D'UN DIPLOMATE FRANÇAIS. VOTRE AVION EST-IL DISPONIBLE POUR UN BAPTÊME DE L'AIR ?

EN PLUS D'ÊTRE INSTRUIT, IL ÉTAIT INTELLIGENT.

ET JE LUI DOIS MON PREMIER VOL.

J'AI SU ALORS QUE JE VOULAIS DEVENIR PILOTE.

NX-820

BIG CIRCUS

EN ÉTANT POLÉMIQUE, ON POURRAIT DIRE QUE C'EST HITLER QUI M'A OFFERT MON BREVET DE PILOTE.

DRINKING FOUNTAIN
WHITE   COLORED

LA GUERRE NOUS A OFFERT LA POSSIBILITÉ DE DEVENIR AVIATEUR. IL A FALLU PASSER DES TESTS.

MALGRÉ NOS BONS RÉSULTATS, ON A ESSAYÉ DE NOUS DÉCOURAGER.

ON A PROUVÉ SCIENTIFIQUEMENT QUE NOUS ÉTIONS INAPTES À UNE TELLE TÂCHE. DES GENS TRÈS SÉRIEUX SONT VENUS EXPLIQUER QUE LES VAISSEAUX IRRIGUANT NOTRE CERVEAU ÉTAIENT TROP FINS POUR QUE CELUI-CI FONCTIONNE AUSSI BIEN QUE CELUI D'UN BLANC.

FINALEMENT, J'Y SUIS ARRIVÉ. NOUS Y SOMMES ARRIVÉS.

332 ND FIGHTER GROUP
HEADQUARTERS

Scénario : Romuald Pistis • Dessins et couleurs: Philippe Hooghe

13H30, SALLE DE BRIEFING DE LA NAS.

MESSIEURS, NOUS ALLONS PILOTER 5 APPAREILS DE TYPE GRUNMAN AVENGER POUR UN VOL D'ENTRAÎNEMENT À PROXIMITÉ DES ÎLES HENS ET CHICKEN À L'EST DE LA CÔTE. TEMPS DE VOL APPROXIMATIF: DEUX HEURES. NOTRE INDICATIF EST "VOL 19"

NOUS NOUS DIRIGERONS D'ABORD PLEIN EST SUR 117 KILOMÈTRES, PUIS APRÈS UN PREMIER VIRAGE NORD-NORD-OUEST SUR KILOMÈTRES, PUIS UN SECOND VIRAGE NOUS AMÈNERA À SUIVRE UNE DIRECTION SUD-OUEST SUR 193 KILOMÈTRES POUR RENTRER À LA BASE.

Y-AURA-T-IL UN EXERCICE LIEUTENANT?

OUI. NOUS LARGUERONS NOTRE CHARGEMENT DE BOMBES 90 KILOMÈTRES APRÈS LE PREMIER VIRAGE, AU SUD DE GRAND BAHAMA, SUR LES PETITES ÎLES HENS AND CHICKENS QUE VOUS VOYEZ ICI !

PAS D'AUTRE QUESTION?

VOICI VOTRE PLAN DE VOL EN DÉTAILS AINSI QUE VOS NUMÉROS D'APPAREILS.

LA MER EST AGITÉE...

ET ALORS, EDWARD, TU COMPTES AMERRIR?

SI JE SUIS TES INSTRUCTIONS C'EST CE QUI RISQUE DE M'ARRIVER !

SALUT FREDDY TOUT BAIGNE?

IMPEC', LIEUTENANT!

MON ÉQUIPE ET MOI AVONS TOUT CHECKÉ. C'EST NICKEL SUR TOUTE LA LIGNE; COMPAS, RADIOS... LES AVIONS ONT TOUS LE PLEIN DE CARBURANT. VOUS POUVEZ Y ALLER LES YEUX FERMÉS!

PARFAIT FREDDY! JE TACHERAI DE LES GARDER OUVERTS TOUT DE MÊME! ON SERA DE RETOUR DANS DEUX HEURES!

CHAQUE BOMBARDIER EMPORTAIT EN PLUS DU PILOTE, 2 MEMBRES D'ÉQUIPAGE,

SAUF L'AVION FT-81 DONT LE MARINE ALLAN KOSNAR AVAIT OBTENU UNE PERMISSION POUR NE PAS VOLER CE JOUR-LÀ... CE SONT DONC EN TOUT 14 HOMMES QUI VONT DÉCOLLER CET APRÈS-MIDI DU 5 DÉCEMBRE 1945 POUR UN EXERCICE DE ROUTINE AU LARGE DES CÔTES DE FLORIDE...

VOL 19, CLEAR TO LAND OFF! BON VOL, LES GARS!

ICI TAYLOR, LEADER VOL 19 SUR FT-28! REÇU 5 SUR 5! ON Y VA, CAP PLEIN EST DURANT 198 KILOMÈTRES. OVER!

IL EST 14H10 CE JOUR-LÀ QUAND LES 5 APPAREILS DÉCOLLENT.

MAIS C'EST APRÈS LE SECOND VIRAGE DU PLAN DE VOL QUE LES PROBLÈMES COMMENCENT, IL EST 16H22.

?

ICI LEADER VOL 19, LE LARGAGE S'EST BIEN DÉROULÉ. PLAN DE VOL CONFORME AU VOL.

HÉ, POWERS, QU'EST-CE QU'IL INDIQUE TON COMPAS?

LES COMMUNICATIONS RADIO INTERCEPTÉES PAR LES AVIONS DANS LES ENVIRONS INDIQUENT QUE LE LARGAGE DES BOMBES FUT UN SUCCÈS.

JE... JE NE SAIS PAS... JE... LE COMPAS DÉCONNE! IL TOURNE... IL S'ARRÊTE... IL REPART DANS L'AUTRE SENS!

TUMP! TUMP!

VIRAGE VERS SUD-OUEST POUR RETOUR À LA BASE! OVER!

PAREIL POUR MOI! ... ON EST OÙ?

ICI POWERS! JE NE SAIS PAS OÙ NOUS SOMMES. ON A DÛ SE PERDRE APRÈS LE PREMIER VIRAGE!

IMPOSSIBLE LES GARS, ON A TOUT CRACHÉ SUR HENS ET CHICKEN! ON ÉTAIT OK APRÈS LE PREMIER VIRAGE! VOUS CONFIRMEZ, LEADER?

JE NE SAIS PAS OÙ NOUS SOMMES!

?

ICI FT-74 POUR L'AVION OU LE BATEAU QUI S'APPELLE POWERS? IDENTIFIEZ-VOUS POUR QUE L'ON PUISSE-VOUS AIDER!

FT-74 AU SOL À BASE! JE VIENS D'INTERCEPTER UN MESSAGE RADIO. JE CROIS QU'UN AVION S'EST PERDU J'ESSAIE DE LE JOINDRE! OVER!

LE PILOTE AU SOL QUI AVAIT INTERCEPTÉ L'APPEL DE POWERS RÉPÉTA SA DEMANDE TROIS FOIS SANS RÉPONSE, CURIEUSEMENT IL ÉTAIT LE SEUL À AVOIR REÇU CE MESSAGE QUE LES ENREGISTREMENTS CONFIRMENT. PUIS APRÈS QUATRE LONGUES MINUTES DE SILENCE RADIO.

ICI LEADER VOL 19 MESSAGE REÇU 5 SUR 5, FT-74.

MES DEUX COMPAS SONT EN PANNE, JE CHERCHE À REJOINDRE FORT LAUDERDALE, EN FLORIDE. JE SUIS AU DESSUS DES KEYS, MAIS JE NE SAIS PAS OÙ EXACTEMENT ET JE NE SAIS PAS COMMENT REJOINDRE FORT LAUDERDALE.

ICI LA BASE MILITAIRE DE FORT LAUDERDALE POUR LEADER VOL 19, VOUS ME RECEVEZ TAYLOR ?

À 16H37, L'INQUIÉTUDE COMMENCE À GAGNER LA BASE TOUS LES HOMMES DISPONIBLES SE SONT MIS À ÉTUDIER LES CARTES.

....

ICI LEADER VOL 19... JE... JE N'AI PAS MA MONTRE, CRRTCH... MES PILOTES M'INDIQUENT DES HEURES IMPOSSIBLES! CRRRTCH... NOUS SOMMES BIEN PARTIS À 14H10, NON? QUELLE HEURE EST-IL?

TAYLOR, SI VOUS ÊTES SÛR D'ÊTRE AU DESSUS DES KEYS VOUS DEVEZ VOLER VERS LE NORD. SI VOTRE COMPAS EST MORT, PLACEZ VOTRE AILE GAUCHE AU SOLEIL! VOUS M'ENTENDEZ, LEADER VOL 19? VOTRE AILE GAUCHE AU SOLEIL!

TAYLOR A OUBLIÉ SA MONTRE?? COMMENT EST-CE POSSIBLE? C'EST UN PILOTE EXPÉRIMENTÉ!

?!

CAPITAINE! IL Y A QUELQUE CHOSE QUI CLOCHE, VENEZ VOIR!

REGARDEZ! TAYLOR A DIT QU'IL PENSAIT ÊTRE AU DESSUS DES KEYS MAIS IL EST AU-DESSUS D'UNE ÎLE DES BAHAMAS!

C'EST IMPOSSIBLE, VOYONS! IL AURAIT DÛ VOLER DEUX FOIS PLUS VITE POUR ÊTRE LÀ MAINTENANT EN PARTANT DE CHICKENS!

POURTANT JE VOUS ASSURE, C'EST LA POSITION OÙ IL EST!

16H45. PT-28, LE LEADER, ANNONCE QU'IL PREND UNE DÉCISION...

ICI LEADER VOL 19... NOUS METTONS LE CAP À 030° NORD POUR 45 MINUTES, ENSUITE NOUS VOLERONS PLEIN NORD.

ON SERA SÛR DE NE PAS ÊTRE DANS LE GOLFE DU MEXIQUE.

CETTE DÉCISION CONDAMNE LES 5 APPAREILS, EN VIRANT VERS LE NORD AU DESSUS DES BAHAMAS AU LIEU DES FLORIDA KEYS, TAYLOR ENTRAÎNE SA FORMATION, NON VERS LES TERRES SALVATRICES DE FLORIDE,

...MAIS EN DIRECTION DE LA PLEINE MER!

LE LEADER NE S'EST PAS RENDU COMPTE AVOIR VOLÉ AUSSI LONGTEMPS A L'EST VERS BAHAMAS, ET POUR UNE RAISON INDÉTERMINÉE, IL CROIT S'ÊTRE DIRIGÉ VERS LE SUD, VERS LES FLORIDA KEYS. CETTE IDÉE À LAQUELLE S'EST FERMEMENT ACCROCHÉ TAYLOR POUR LE RESTE DU VOL VA AVOIR DES CONSÉQUENCES FATALES.

TAYLOR ET SES ÉLÈVES SONT PERDUS... MAIS BON DIEU, QU'EST-CE QU'IL S'EST PASSÉ LÀ-HAUT!!

PROPOSEZ À TAYLOR DE BASCULER SUR LA FRÉQUENCE D'URGENCE, ELLE EST MOINS CHARGÉE!

TAYLOR, BASCULEZ SUR LA FRÉQUENCE D'URGENCE!

DÉSOLÉ, JE REFUSE! ÇA ME FERAIT PERDRE CONTACT AVEC MES 4 ÉQUIPIERS.

17H00. TAYLOR NE PENSANT MÊME PLUS À S'INDENTIFIER ANNONCE UN NOUVEAU CHANGEMENT DE DIRECTION.

?

ON PREND LE CAP 090° PENDANT 10 MINUTES!

QUOI?!

?

MAIS C'EST PAS VRAI?! QU'EST-CE QU'ON FOUT LÀ? SI ON ALLAIT VERS L'OUEST ON POURRAIT FACILEMENT REJOINDRE LA BASE! MAIS DIRIGEZ-VOUS VERS L'OUEST BON SANG, LEADER!

LA PANIQUE COMMENCE À S'INSTALLER PARMI LES MEMBRES DU VOL 19.

LEADER NE RÉPOND PLUS! OU SA RADIO EST MORTE OU IL NOUS SNOBE! POWERS TU SAIS OÙ ON VA?

TU RIGOLES! TOUS MES INSTRUMENTS DÉCONNENT!!

TOUS **NOS** INSTRUMENTS DÉCONNENT TU VEUX DIRE! J'AI JAMAIS VU DES COMPAS FAIRE ÇA SUR TOUS LES AVIONS D'UNE MÊME ESCADRILLE!

ET AVEC CETTE CRASSE EN DESSOUS ON NE VOIT RIEN!

HÉ LES GARS REGARDEZ VERS OÙ ON SE DIRIGE!...

IL NE MANQUAIT PLUS QUE ÇA!

PHILHOO - 2010

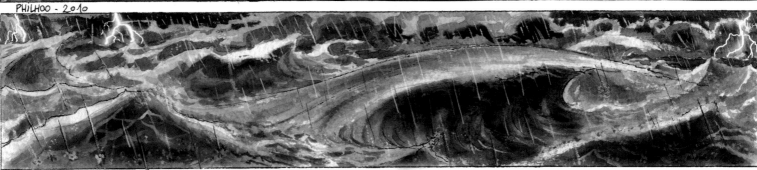

TOUJOURS AUCUNE NOUVELLE, COMMANDANT?

ICI TAYLOR! CCRTCH NOUS NOUS DIR... CCRRRTCHTCH... PLEIN OUEST!

JE LES AI PERDUS! PLUS DE SIGNAL!

IL FAUT PROCÉDER PAR TRIANGULATION! CONTACTEZ TOUS LES POSTES DE RADIO DISPONIBLES ET CAPTEZ LA MOINDRE DE LEUR FRÉQUENCE POUR DÉTERMINER LEUR POSITION!

18H02... LES MINUTES PASSENT LES CONTACTS RADIO, RARES SONT DE PLUS EN PLUS MAUVAIS.

ILS ONT DU CARBURANT JUSQU'À QUELLE HEURE?

RESTEZ EN FORMATION SERRÉE... NOUS DEVONS NOUS ATTENDRE À AMERRIR... DÈS QUE L'UN D'ENTRE NOUS AURA MOINS DE 40 LITRES DE FUEL DANS SES RÉSERVOIRS, ON DESCENDRA TOUS ENSEMBLE!

20H 00...

ÇA Y EST, LA TRIANGULATION A FONCTIONNÉ!

ON N'AVAIT PAS BEAUCOUP DE SIGNAL MAIS ÇA A SUFFI! ILS SONT DANS UN RAYON DE 60 KILOMÈTRES AUTOUR DU POINT 29° NORD ET 79° OUEST.

ILS SONT AU NORD DES BAHAMAS. TRÈS LOIN DES CÔTES DE FLORIDE! ESSAYEZ DE TRANSMETTRE!

VOL 19, VOTRE POSITION APPROXIMATIVE EST 29° NORD ET 79° OUEST! ME RECEVEZ-VOUS?

CRRRTCHHHH... JE... JE VOIS QUELQUE... MAIS QU'EST-CE QUE...?!

FT 36, FT-3, FT 117, FT-81, OÙ ÊTES-VOUS BORDEL ?

À 19H04, UN FAIBLE MESSAGE RADIO EST ENTENDU, SEUL L'INDI-CATIF EST RECONNAIS-SABLE DANS LE MESSAGE, C'EST LA DERNIÈRE TRANSMISSION RADIO DU VOL 19 ENTENDU LES AVIONS AVAIENT DU CARBURANT POUR VOLER JUSQU'A 20H00. ENSUITE ILS SE SONT PROBABLEMENT ABÎMÉS À L'EST DES CÔTES DE LA FLORIDE, ONT ÉTÉS ENGLOUTIS PAR LES VAGUES ET ENVOYÉS PAR LE FOND EN QUELQUES SECONDES.

MESSIEURS, LE VOL 19 EST PERDU ! METTEZ EN ALERTE TOUS LES NAVIRES ET LES BASES AÉRIENNES DANS UN PÉRIMÈTRE DE 500 KM ! S'ILS ONT UNE CHANCE DE S'EN ÊTRE SORTIS, JE VEUX TOUT TENTER !

A 19H37, DEUX HYDRAVIONS DE TYPE PBM-5 MARTIN MARINER SONT ENVOYÉS POUR RETROUVER ET RAMENER LES 5 AVENGERS: LEUR NOM DE CODE EST TRAINING 32 ET TRAINING 49 (PBM-5-922S).

LES DEUX APPAREILS DÉCOLLENT DE LA BASE NAVALE DE BANANA RIVER (MAINTENANT NOMMÉE PATRICK AIR FORCE BASE) TRAINING 32 EST ENVOYÉ PLEIN EST, VERS LES BAHAMAS, TRAINING 49 SUIT LES CÔTES DE LA FLORIDE QUELQUES MINUTES AVANT DE PRENDRE UN CAP NORD-EST DIRECTION LE LARGE.

TRAINING 49 À LA BASE! SOMMES DANS LA ZONE DE RECHERCHES DU VOL 19. AVONS ENCLENCHÉ RADAR SUPPLÉMENTAIRE.

BIEN REÇU TRAINING 49, NOUS VOUS AVONS SUR ÉCHO RADAR VOUS NAVIGUEZ PLEIN NORD.

CRRRTCH... PLEIN NORD?? RÉPÉTEZ ?

ILS NOUS ONT BIEN DIT PLEIN NORD ? ON EST BIEN CAP À L'EST ?

OUI, LE COMPAS INDIQUE... ?!

IL...IL INDIQUE SUD-OUEST MAINTENANT ?!

?!

QUOI?!

TRAINING 49 À BASE! NOUS RENTRONS, LE TEMPS EST TROP MAUVAIS! NOUS...

?

ICI TAYLOR, FT-28! NOUS LÂCHONS NOS BOMBES SUR... CRRRTCHH...

?

BON SANG, LA BASE! VOUS AVEZ ENTENDU ÇA?

NON, TRAINING 49, DE QUOI PARLEZ-VOUS?

CRRTCHH... TAYLOR... VIVANTS?... CRTCHH...

"VIVANTS!" DE QUOI PARLEZ-VOUS RÉPONDEZ TRAINING 49!

CCRRRRTCCCHH ...

JE N'AI PAS RÊVÉ, WALTER TU L'AS BIEN ENTENDU TOUT COMME MOI !

5 SUR 5, JOHN ! RENTRONS, CET ENDROIT ME FICHE LA TROUILLE !

D'ACCORD AVEC TOI, ON MET LE CAP AU...?!

MINCE, REGARDE LÀ-DEVANT !

JO... JOHN À LA BASE, IL Y A UN TOURBILLON DEVANT NOUS ! COMME UNE TORNADE ! C'EST... C'EST DINGUE !

CRTCCCH... TOURBILLON... TORNADE... VERTICALE...

RÉPÉTEZ TRAINING 49 JE VOUS REÇOIS 1 SUR 5 ! RÉPÉTEZ ! SI C'EST UNE TORNADE FAITES DEMI-TOUR !

CAPITAINE REGARDEZ LÀ-HAUT !

ICI USS SOLOMONS! NOUS CONFIRMONS CAPITAINE! NOUS VENONS DE PERDRE TOUT CONTACT RADAR AVEC L'HYDRAVION D'INDICATIF, RADIO TRAINING 49

ICI LE CAPITAINE DU TANKER SS GAINES EN FRÉQUENCE D'URGENCE, NOUS SOMMES À 28,59° N 80.25°W, AVONS VU UN HYDRAVION, SANS DOUTE PARTI À LA RECHERCHE DU VOL 19, DISPARAÎTRE DANS UNE BOULE '''

DE '''FEU À LA VERTICALE DE CE POINT!

19H58, CE 5 DÉCEMBRE, SUR LA BASE DE FORT LAUDERDALE, C'EST LA CONSTERNATION.

C'EST FINI! CETTE FOIS C'EST TROP! QUE TOUS LES BATEAUX ET AVIONS DE SECOURS RENTRENT À LEUR BASE, NOUS REPRENDRONS LES RECHERCHES DEMAIN SI LE TEMPS LE PERMET!

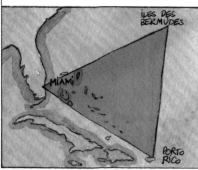

ENTRE 1942 ET 1946, 94 MEMBRES DU PERSONNEL D'AVIATION DE LA BASE DE FORT LAUDERDALE ONT DISPARU DANS CETTE RÉGION DU MONDE SITUÉE DANS UN TRIANGLE ENTRE LA FLORIDE, LES ÎLES BERMUDES ET PORTO RICO.

LES 5 AVENGERS ET L'HYDRAVION PARTIS À SON SECOURS N'ONT JAMAIS ÉTÉ RETROUVÉS MALGRÉ DES INVESTIGATIONS QUI SE SONT ÉTENDUES SUR DES DIZAINES D'ANNÉES.

EN 1986, ALORS QUE LA NAVY RECHERCHAIT DES DÉBRIS DE LA NAVETTE SPATIALE CHALLENGER, LE FUSELAGE ET LE NEZ D'UN AVENGER ONT ÉTÉ RETROUVÉS AU LARGE DES CÔTES DE FLORIDE, MAIS LE NUMÉRO DE SÉRIE NE CORRESPONDAIT À AUCUN DES NUMÉROS DE SÉRIE DES 5 APPAREILS DU VOL 19.

ENTRE 1992 ET 2002, LES RECHERCHES ONT REPRIS SOUS L'IMPULSION DES DIFFÉRENTS GOUVERNEMENTS EN PLACE AFIN DE LEVER DÉFINITIVEMENT LE VOILE SUR LE MYSTÈRE DU "TRIANGLE DES BERMUDES", QUELQUES DÉBRIS ONT ÉTÉS RETROUVÉS MAIS AUCUN NE CORRESPONDAIT AU VOL 19 ET À L'HYDRAVION.

QUELQUES MOIS APRÈS LA DISPARITION DU VOL 19, UN RAPPORT DE 500 PAGES A ÉTÉ ÉCRIT PAR LA NAVY. CE RAPPORT REJETTE UNE GROSSE PARTIE DE LA RESPONSABILITÉ SUR LE CAPITAINE TAYLOR QUI "N'AVAIT PAS MIS SA MONTRE ALORS QU'IL SAVAIT TRÈS BIEN QU'IL AURAIT BESOIN DE CHRONOMÉTRER SES TEMPS DE VOL POUR LES CALCULS DE NAVIGATION". LE RAPPORT A ÉTÉ ENSUITE AMENDÉ EN "CAUSE DE DISPARITION INCONNUE" SUITE À LA DEMANDE DE LA MÈRE DE TAYLOR QUI FIT REMARQUER QUE LA NAVY N'AVAIT RETROUVÉ NI LES AVIONS NI LES 14 CORPS DU VOL 19.

L'APPELLATION "TRIANGLE DES BERMUDES" A ÉTÉ FORGÉE PAR LE JOURNALISTE AMÉRICAIN VINCENT GADDIS DANS UN ARTICLE DU MAGAZINE ARGOSY DE FÉVRIER 1964: "THE DEADLY BERMUDA TRIANGLE" EN FOUILLANT LES ARCHIVES NAVALES IL A REMARQUÉ QUE DE NOMBREUSES DISPARITIONS AVAIENT EU LIEU DANS CETTE ZONE DE 4 MILLIONS DE KM² DEPUIS 1800.

PARMI ELLES, CERTAINES ONT FAIT COULER BEAUCOUP D'ENCRE (SANS JEU DE MOT): EN 1800 L'USS INSURGENT AVEC 340 MARINS À BORD, EN 1824, L'USS WILDCAT AVEC 31 MEMBRES D'ÉQUIPAGE ET LE SCHOONER LYNX AVEC 40 PERSONNES À BORD, EN 1880, L'ATLANTA AVEC 290 ÉLÈVES OFFICIERS! ON RECENSE EN TOUT DE 1800 À 2008, PLUS DE 59 DISPARITIONS D'AVIONS OU DE BATEAUX DANS CETTE RÉGION.

TOUTEFOIS, DE NOMBREUX SPÉCIALISTES, DONT LA COMMISSION D'ENQUÊTE DE LA MARINE, STIPULENT QUE, AU REGARD DE LA SUPERFICIE DE CETTE ZONE, LE NOMBRE DE DISPARITIONS EST À PEINE PLUS ÉLEVÉ QU'AILLEURS, SURTOUT FACE À L'IMPORTANCE DU TRAFIC MARITIME ET AÉRIEN QUI Y PASSE. ELLE RAPPELLE EN REVANCHE QU'ON Y RENCONTRE LES PLUS VIOLENTES TEMPÊTES DU GLOBE ET QUE LA FAIBLE SALINITÉ DE L'EAU ASSOCIÉE À DE PUISSANTS GISEMENTS DE MÉTHANE AURAIENT PU CAUSER LA PERTE DE NOMBREUX BATEAUX.

EN 2008, LE CABINET D'ASSURANCE LLOYD'S DE LONDRES INDIQUAIT QUE LE TRIANGLE N'ÉTAIT PAS PLUS DANGEREUX QUE D'AUTRES ROUTES MARITIMES INTERNATIONALES. EN 2009, LES COMPAGNIES D'ASSURANCE NE JUGENT PAS UTILE DE MAJORER LEURS PRIMES POUR LES NAVIRES OU AVION AMENÉS À TRAVERSER CETTE ZONE.

L'hélico de la dernière chance

16 juillet 1972. La guerre du Vietnam tire à sa fin. La majorité des militaires américains sont rentrés chez eux laissant aux Sud-Vietnamiens le soin de se défendre seuls contre les Viêt-Congs communistes. Quelques milliers de conseillers militaires américains et bon nombre d'unités d'hélicoptères restent toutefois dans le pays, pour appuyer l'allié sud-vietnamien.

Le capitaine Hugh Mills est l'un des pilotes d'hélicoptères basé à Can Tho, dans le delta du Mékong. Bien qu'il n'ait que 24 ans, il est extrêmement expérimenté et débute à Can Tho son troisième tour d'opération. Ses camarades le regardent parfois comme un Martien, parce qu'avec ses états de service, Mills aurait pu choisir de tranquillement rentrer aux États-Unis. Le capitaine Mills est un pilote de « scout » et sa mission est une des plus dangereuses qui soit. Avec son OH-6A (version militaire du Hugues 500), il doit voler au ras du sol pour débusquer l'ennemi. À ce petit jeu, Hugh Mills a déjà été abattu seize fois et blessé trois fois ! Dans le petit monde des « scouts », il est une véritable légende.

2h30 du matin. Mills dort à poings fermés sur son lit de camp lorsqu'un planton vient le réveiller.

- Mission d'urgence mon capitaine…

Mills émerge du sommeil, ramasse ses armes, son gilet pare-balles et se glisse dans ses rangers. Il se dirige ensuite vers le PC de son unité. La nuit est claire, la température est douce et le blackout total laisse apparaître un magnifique ciel étoilé.

- Salut Nol, qu'est-ce qui se passe ?

En entrant dans le bunker servant de salle d'opération, Hugh s'est adressé à son vieux copain Nol Harvey, un autre capitaine de moins de 25 ans.

- Salut Hugh. On a un camp des milices régionales de Rach Gaa, dans la péninsule de Camau, qui est attaqué depuis hier soir. Ils ne tiendront plus très longtemps. Le problème, c'est que l'on a un Béret Vert qui servait de conseiller qui est pris au piège avec eux. Il ne faut pas que les Viêt-Congs lui mettent la main dessus… Tu files là-bas pour le récupérer !

Hugh fait ses comptes rapidement : 45 minutes de vol pour y aller, une seconde sur place pour ramasser le collègue et 45 minutes de vol pour revenir. C'est une affaire pliée en une heure et demie.

- OK Nol, on y va tout de suite.

Mills ne volera pas seul : son hélicoptère sera escorté de deux Cobra lourdement armés qui pourront intervenir comme artillerie volante en cas de besoin.

Il est moins de 3 heures du matin quand les trois appareils décollent et mettent le cap sur la péninsule de Camau. L'OH-6A est en tête, indicatif radio Dark Horse One Six. À son bord, Hugh Mills et son mitrailleur, Jimmie Christy. Assis à l'arrière, le jeune militaire est armé d'une mitrailleuse M60 très puissante qui va lui

servir à faire baisser les têtes de ses adversaires. Mills dispose quant à lui d'une « minigun » tirant vers l'avant. L'OH-6A a beau être un hélicoptère minuscule, il affiche une impressionnante puissance de feu. Toutes les portes ont été démontées, permettant aux deux hommes de voler nez au vent, à l'affût de tout ce qui se passe au sol.

Après une demi-heure de vol, Mills contacte le camp retranché de Rach Gaa. Dans le lointain, il peut déjà apercevoir les éclairs des départs de coups et les échanges de balles traçantes. Le camp est de petite taille et semble mal parti. Il est temps d'appeler le Béret Vert, indicatif Vixon 33, à la radio :

- Vixon 33, ici Dark Horse One Six, vous me recevez ?
- 5 sur 5, One Six.
- Vixon 33, quelle est la situation chez vous ?
- Mauvaise ! On est cernés et on reçoit pas mal de plomb. Les Viêts poussent fort et on ne tiendra pas plus d'une heure ou deux…
- Vixon 33, vous allez placer un feu clignotant sur la Landing Zone. Je vais me poser très vite. N'essayez pas de monter à l'avant, vous seriez gêné par les commandes de vol. Sautez à l'arrière à côté de mon mitrailleur et faites vite, on reste au sol moins d'une seconde.

Un silence sur la fréquence. Puis, après quelques secondes vient la réponse de Vixon 33 :

- Dark Horse One Six de Vixon 33 : et les nonnes ?

Mills n'est pas certain d'avoir bien compris le mot. Vixon 33 a-t-il bien parlé de nonnes ?

- Vixon 33, répétez…
- Les nonnes, qu'est-ce qu'on fait des nonnes ?…
- Qu'est-ce que c'est que cette histoire ?
- On a quatre nonnes catholiques et leur mère supérieure avec nous, il faut les évacuer.

Merde ! Ce n'était pas prévu !… Mills réfléchit vite et rappelle le Béret Vert.

- OK Vixon. On va faire deux rotations. À la première, je prendrai trois nonnes. Je vais les déposer à Rach Gia puis je reviens vous chercher avec la mère supérieure et la dernière nonne, ok ?
- Ok One Six, on se tient prêts.

L'hélicoptère plonge vers le sol dans l'obscurité, en visant la minuscule LZ au milieu du camp retranché. Les assaillants se déchaînent contre la machine qu'ils entendent mais ne voient pas. Mills plaque son hélicoptère au sol dans un grand tourbillon de poussière. Il est protégé par les remparts du camp et les balles des assaillants passent encore largement au-dessus du rotor.

Le Béret Vert apparaît, poussant devant lui trois nonnes vietnamiennes minuscules. Jimmy Christy les aide à s'installer dans l'hélicoptère : deux derrière avec lui et une devant, à côté de Mills. L'appareil est chargé et renâcle un peu lorsque Mills l'ar-

rache du sol, direction Rach Gia. Quarante minutes plus tard, les trois nonnes sont déchargées et l'hélicoptère est de retour à la verticale du camp retranché. Les Viêt-Congs ont progressé et ne sont plus très loin de prendre pied à l'intérieur.
- Vixon 33, ici Dark Horse One Six, je vais revenir me poser. Soyez prêts à sauter dans l'hélico avec la dernière nonne et la mère supérieure.
- Dark Horse, je ne crois pas que ce soit possible !
- Pourquoi Vixon 33 ?
- La mère supérieure pèse au moins 150 kg !
Malgré le tragique de la situation, Mills a presque envie de rire. Mais qui a eu l'idée de lui coller une mission pareille ?!
- Ok on change de plan : je prends la dernière nonne derrière et on fait monter la mère supérieure devant. Je ferai un troisième voyage pour revenir vous chercher…
Arrivée acrobatique sur la LZ. Tirs toujours aussi nourris contre l'hélicoptère. Mills voit alors approcher une nonne minuscule, suivie d'une religieuse énorme, la cornette au vent. Très vite un problème se pose : comme hisser la mère supérieure dans l'hélicoptère, 70 cm au-dessus du sol ? On tire, on pousse… et après plusieurs secondes d'efforts, la religieuse est finalement calée sur son siège. Mais ses jupes recouvrent les commandes de vol et une partie du tableau de bord. Ça ne va pas aller, hurle Mills par-dessus le bruit de la turbine : il faut relever vos jupes sinon je ne vais pas pouvoir piloter ! D'un geste ample, la religieuse s'exécute. Allez, c'est parti !

L'hélicoptère redécolle et rejoint Rach Gia sans histoire. Quand il revient pour la troisième fois à Rach Gaa, le jour ne va pas tarder à se lever. L'hélicoptère commence à être visible dans le ciel qui s'éclaircit. Au sol, la situation est désespérée et les Viêt-Congs semblent prêts à prendre pied à l'intérieur du camp. Mills ne perd pas une seconde et plonge une fois de plus vers la LZ. À peine a-t-il posé son hélicoptère qu'il aperçoit du coin de l'œil un soldat communiste sortir en courant du bunker où devait se trouver le Béret Vert. Le soldat saute à l'arrière de l'hélicoptère en hurlant GO GO GO !
Quelque chose ne tourne pas rond. Que fait ce Viêt-Cong dans son hélicoptère ? Pourquoi lui crie-t-il en anglais de décoller ? Mills agit d'instinct et catapulte son appareil dans les airs. Du coin de l'œil, il aperçoit les Viêt-Congs pénétrer dans le camp. L'hélicoptère encaisse plusieurs impacts de balles mais tient le coup. À l'arrière, le Viêt-Cong sourit de toutes ses dents et serre vigoureusement la main du mitrailleur. Mills comprend alors : pensant que l'hélicoptère ne pourrait plus revenir le chercher, le Béret Vert avait revêtu un uniforme ennemi avec l'idée de filer entre les mailles du filet et d'échapper à la capture… « Plus jamais une mission pareille ! » se dit Hugh Mills en prenant le cap de Rach Gaa…

Frédéric Lert,
journaliste de défense.

Scénario : Wallace • Dessins : Baptiste Payen • Couleurs : Carole Beau

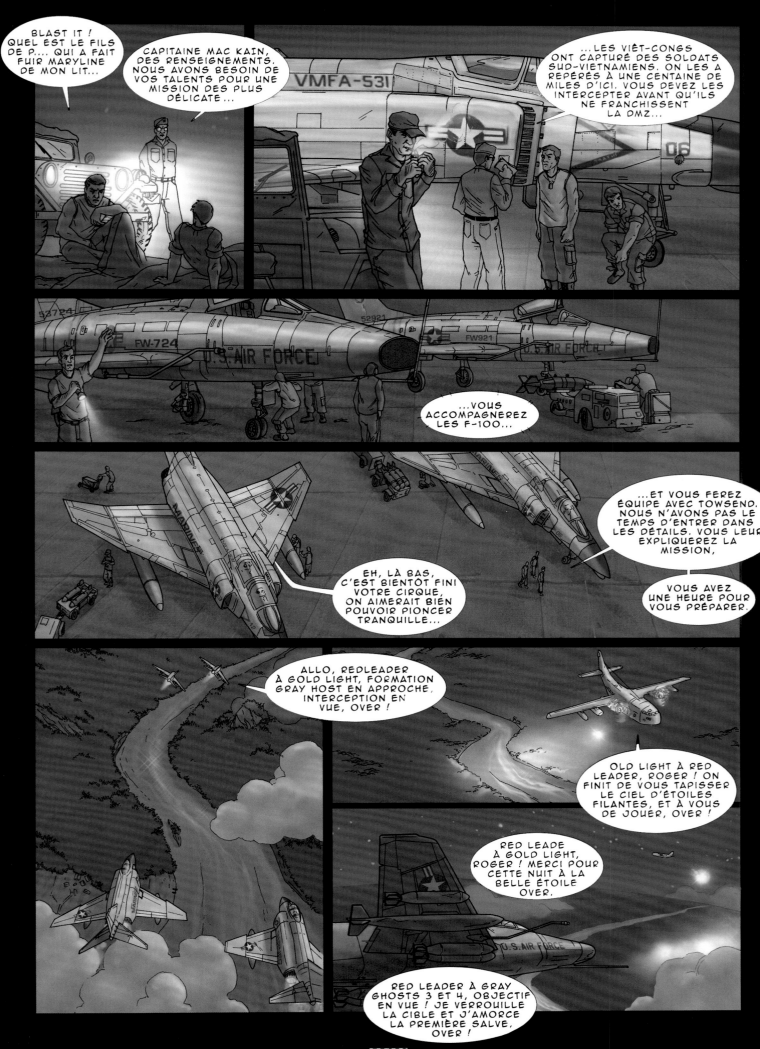

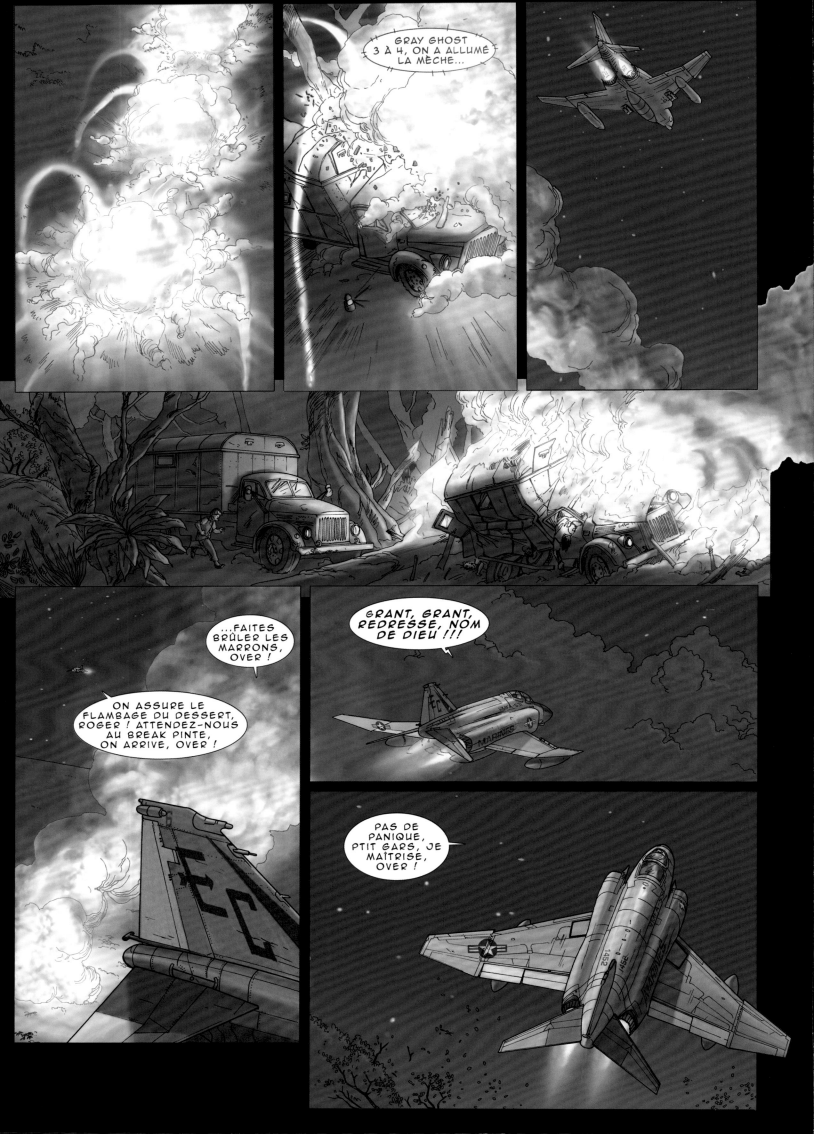

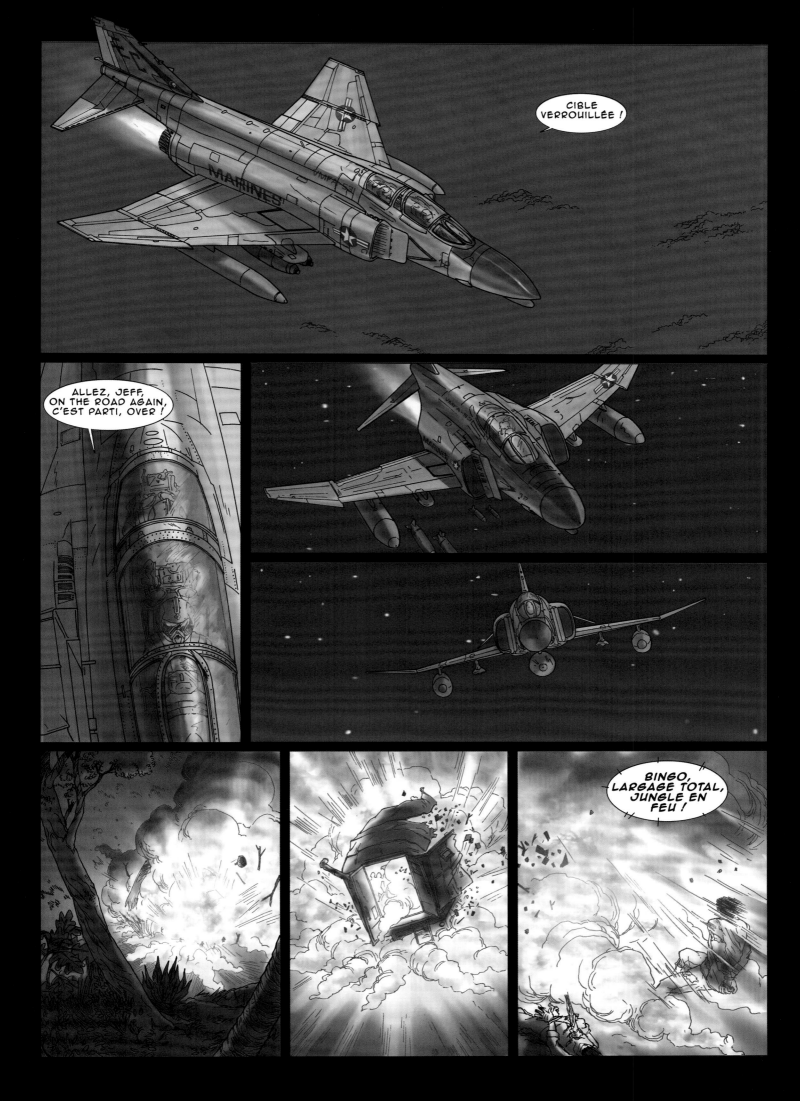

FIN

ARGENTINE, BASE AÉRIENNE DE RIO GRANDE, 4 MAI 1982, 7 H 30 MIN DU MATIN...

COMMANDANT, LES PILOTES SONT LÀ

IL S'AGIT DU CAPITAINE DE CORVETTE AUGUSTO BEDACARRATZ ET DE SON ÉQUIPIER, LE LIEUTENANT DE VAISSEAU ARMANDO MAYORA, LA CRÈME DES PILOTES DE CHASSE ARGENTINS, PUISQU'ILS FONT PARTIE DES RARES ÉLUS À ÊTRE OPÉRATIONNELS SUR LES CINQ SUPER ÉTENDARD QUE POSSÈDE L'ARGENTINE.

MESSIEURS, J'AI DU NOUVEAU POUR VOUS

IL Y A TOUT JUSTE 30 MINUTES, UN BIMOTEUR DE RECONNAISSANCE P2 NEPTUNE A REPÉRÉ SUR SON RADAR UNE CONCENTRATION DE NAVIRES ANGLAIS AU SUD-EST DES MALVINAS. L'UN DES ÉCHOS, BEAUCOUP PLUS GROS QUE LES AUTRES, POURRAIT BIEN ÊTRE L'UN DES DEUX PORTE-AÉRONEFS BRITANNIQUES.

occidentale

Stanley

Lafonia

Île Falkland orientale

Îles Malouines (Îles Falkland)

COMME VOUS LE SAVEZ, CES DEUX NAVIRES, LE HERMÈS ET L'INVINCIBLE, SONT CLASSÉS CIBLES PRIORITAIRES PAR LE HAUT COMMANDEMENT. POUR LA TRÈS BONNE RAISON QU'ILS SONT LA FORCE VIVE DE LA FLOTTE ENNEMIE ET QUE LEUR PERTE SIGNIFIERAIT LA DÉFAITE DES ANGLAIS.

LES INFORMATIONS DU NEPTUNE SITUENT LA TASK FORCE À ENVIRON 150 KM AU SUD-EST DE PORT STANLEY.

NOTE : LA BASE DE RIO GRANDE EST SITUÉE À SEULEMENT 150 KILOMÈTRES DU CAP HORN, EN TERRE DE FEU, TOUT À CÔTÉ D'USHUAIA. LA CAPITALE DES MALOUINES, PORT STANLEY, EST 700 KILOMÈTRES PLUS À L'EST.

QU'EN PENSEZ-VOUS ?

ON AURA BESOIN DE RAVITAILLER EN VOL, MAIS C'EST TACTIQUEMENT FAISABLE.

DÉTRUIRE UN DES PORTE-AÉRONEFS ANGLAIS SERAIT LA MEILLEURE FAÇON DE VENGER NOS CAMARADES TOUT EN LAVANT L'HONNEUR NATIONAL, BEDACARRATZ.

JE SAIS COMMANDANT.

LA VEILLE, LE CROISEUR LOURD GENERAL BELGRANO A ÉTÉ COULÉ PAR UN SOUS-MARIN BRITANNIQUE, LE CONQUEROR, EMPORTANT DANS SES FLANCS PLUS DE 300 MARINS ARGENTINS.

Scénario : Frédéric Zumbiehl • Dessins : Stephan Agosto • Couleurs : Fabien Alquier

8H... LA DÉCISION DE LANCER LE RAID PRISE, BEDACARRATZ ET MAYORA, AIDÉS DE LEURS COMPAGNONS, SE METTENT AUSSITÔT AU TRAVAIL.

LA NAVIGATION EST TRACÉE, LES CAPS ET LA CONSOMMATION DE CARBURANT CALCULÉS. ON PRÉVOIT LES PANNES, LES DÉROUTEMENTS, LES DIFFÉRENTES MANŒUVRES TACTIQUES, BREF, TOUS LES CAS DE FIGURES ENVISAGEABLES À LA RÉUSSITE DE LA MISSION.

UN BRIEFING MÉTÉO EST FAIT, POINT CAPITAL EN HIVER AUSTRAL, TANT POUR LE VOL PROPREMENT DIT, QUE POUR LA PHASE DE TIR, LES CONDITIONS MÉTÉOROLOGIQUES INFLUANT DIRECTEMENT SUR LES CARACTÉRISTIQUES DES RADARS DE TIR.

PENDANT CE TEMPS, LES MÉCANICIENS ONT SORTI LES AVIONS DES HANGARS ET LES PRÉPARENT. LE BALLET BIEN RÉGLÉ DES DIFFÉRENTES OPÉRATIONS SE DÉROULE SOUS L'ŒIL EXPÉRIMENTÉ DU "PATRON D'APPAREIL" : L'AVITAILLEMENT EN KÉROSÈNE, LA VÉRIFICATION DES SYSTÈMES ÉLECTRIQUES, ÉLECTRONIQUES, HYDRAULIQUES, MÉCANIQUES...

LES MISSILES AM-39 EXOCET SONT SORTIS DE L'ARMURERIE...

...ET SONT MONTÉS SUR LES PYLÔNES DES APPAREILS AVEC LA PLUS EXTRÊME ATTENTION, D'AUTANT PLUS QUE L'ARGENTINE NE POSSÈDE EN TOUT ET POUR TOUT QUE... CINQ EXOCET (!), LA FRANCE, ALORS EN CONTRAT AVEC L'ARGENTINE, AYANT PRIS LA DÉCISION DE SUSPENDRE LES LIVRAISONS DÈS LE DÉBUT DES HOSTILITÉS.

9 H 15 MIN...

9H 25 MIN...

LE TOUR AVION EFFECTUÉ,
LES PILOTES SE SONT INSTALLÉS
SUR LEURS SIÈGES, ONT CONNECTÉ
LE RACCORD DU PANTALON
ANTI-G, L'OXYGÈNE, LA RADIO,
ONT BOUCLÉ LEUR HARNAIS.
PENDANT CE TEMPS, LE PISTARD
ENLÈVE LES SÉCURITÉS
DU SIÈGE ÉJECTABLE MARTIN BAKER.

GROUPE DE PARC BRANCHÉ,
BATTERIE SUR ON,
ROBINETS COUPE-FEU OUVERTS,
BEDACARRATZ LANCE
LA SÉQUENCE DE DÉMARRAGE
DU RÉACTEUR ATAR 8K-50.

LE RÉGIME STABILISÉ, LE PILOTE VÉRIFIE SES PARAMÈTRES MOTEURS,
PUIS BRANCHE ET RECALE SA CENTRALE À INERTIE.*
*LE MOYEN DE NAVIGATION STANDARD DE L'ÈRE "PRÉ-GPS".

VUELVO TANGO,
CHECK RADIO !

TANGO 2,
PARÉ !

0752

3-A-202

02

03

VUELVO TANGO, VOUS
ÊTES AUTORISÉS
ALIGNEMENT.
LE DERNIER
VENT DU 220
POUR 10 NŒUDS.

9H38 MIN... LES DEUX APPAREILS
SONT ALIGNÉS SUR LA PISTE,
FREINS SERRÉS.
LES PILOTES, MAINS POSÉES
SUR LE SOMMET DE LEUR CASQUE,
SONT IMMOBILES DANS
LEUR COCKPIT, RESPECTANT À
LA LETTRE LA PROCÉDURE
DE MISE EN ŒUVRE
DE LEUR ARMEMENT*.

02

9H40 MIN...

3-A-203

03

LE LEADER LÂCHE LES FREINS. LES 5000 KILOS
DE POUSSÉE DU RÉACTEUR ATAR 8K-50 PROPULSENT
LES 11 TONNES DE L'APPAREIL SUR LA LONGUE PISTE.

*LES MAINS SUR LA TÊTE SONT EN EFFET LA SEULE MANIÈRE D'ÊTRE SÛR DE NE PAS IMPRIMER DE MOUVEMENTS INTEMPESTIFS AUX GOUVERNES,
CE QUI POURRAIT BLESSER LES ARMURIERS ACCROUPIS SOUS LES AILES, EN TRAIN D'ENLEVER LES SÉCURITÉ DES MISSILES.

LOURDEMENT CHARGÉS DES 850 KG DU MISSILE, DES PLEINS DE CARBURANT ET D'UN BIDON EXTERNE DE 1 100 LITRES, LES DEUX SUPER ÉTENDARD METTENT LE CAP À L'EST, FONÇANT DANS L'AIR SATURÉ D'HUMIDITÉ DE PATAGONIE À PLUS DE 800 KM/H VERS LEUR OBJECTIF.

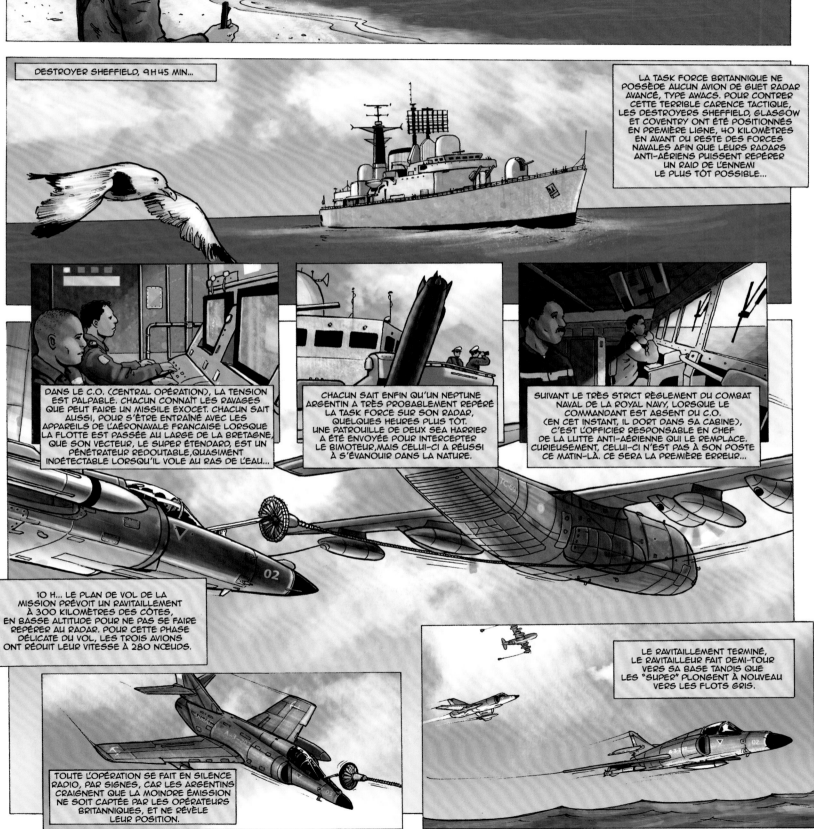

DESTROYER SHEFFIELD, 9 H 45 MIN...

LA TASK FORCE BRITANNIQUE NE POSSÈDE AUCUN AVION DE GUET RADAR AVANCÉ, TYPE AWACS. POUR CONTRER CETTE TERRIBLE CARENCE TACTIQUE, LES DESTROYERS SHEFFIELD, GLASGOW ET COVENTRY ONT ÉTÉ POSITIONNÉS EN PREMIÈRE LIGNE, 40 KILOMÈTRES EN AVANT DU RESTE DES FORCES NAVALES AFIN QUE LEURS RADARS ANTI-AÉRIENS PUISSENT REPÉRER UN RAID DE L'ENNEMI LE PLUS TÔT POSSIBLE...

DANS LE C.O. (CENTRAL OPÉRATION), LA TENSION EST PALPABLE. CHACUN CONNAÎT LES RAVAGES QUE PEUT FAIRE UN MISSILE EXOCET. CHACUN SAIT AUSSI, POUR S'ÊTRE ENTRAÎNÉ AVEC LES APPAREILS DE L'AÉRONAVALE FRANÇAISE LORSQUE LA FLOTTE EST PASSÉE AU LARGE DE LA BRETAGNE, QUE SON VECTEUR, LE SUPER ÉTENDARD, EST UN PÉNÉTRATEUR REDOUTABLE, QUASIMENT INDÉTECTABLE LORSQU'IL VOLE AU RAS DE L'EAU...

CHACUN SAIT ENFIN QU'UN NEPTUNE ARGENTIN A TRÈS PROBABLEMENT REPÉRÉ LA TASK FORCE SUR SON RADAR, QUELQUES HEURES PLUS TÔT. UNE PATROUILLE DE DEUX SEA HARRIER A ÉTÉ ENVOYÉE POUR INTERCEPTER LE BIMOTEUR, MAIS CELUI-CI A RÉUSSI À S'ÉVANOUIR DANS LA NATURE.

SUIVANT LE TRÈS STRICT RÈGLEMENT DU COMBAT NAVAL DE LA ROYAL NAVY, LORSQUE LE COMMANDANT EST ABSENT DU C.O. (EN CET INSTANT, IL DORT DANS SA CABINE), C'EST L'OFFICIER RESPONSABLE EN CHEF DE LA LUTTE ANTI-AÉRIENNE QUI LE REMPLACE. CURIEUSEMENT, CELUI-CI N'EST PAS À SON POSTE CE MATIN-LÀ. CE SERA LA PREMIÈRE ERREUR...

10 H... LE PLAN DE VOL DE LA MISSION PRÉVOIT UN RAVITAILLEMENT À 300 KILOMÈTRES DES CÔTES, EN BASSE ALTITUDE POUR NE PAS SE FAIRE REPÉRER AU RADAR. POUR CETTE PHASE DÉLICATE DU VOL, LES TROIS AVIONS ONT RÉDUIT LEUR VITESSE À 280 NŒUDS.

LE RAVITAILLEMENT TERMINÉ, LE RAVITAILLEUR FAIT DEMI-TOUR VERS SA BASE TANDIS QUE LES "SUPER" PLONGENT À NOUVEAU VERS LES FLOTS GRIS.

TOUTE L'OPÉRATION SE FAIT EN SILENCE RADIO, PAR SIGNES, CAR LES ARGENTINS CRAIGNENT QUE LA MOINDRE ÉMISSION NE SOIT CAPTÉE PAR LES OPÉRATEURS BRITANNIQUES, ET NE RÉVÈLE LEUR POSITION.

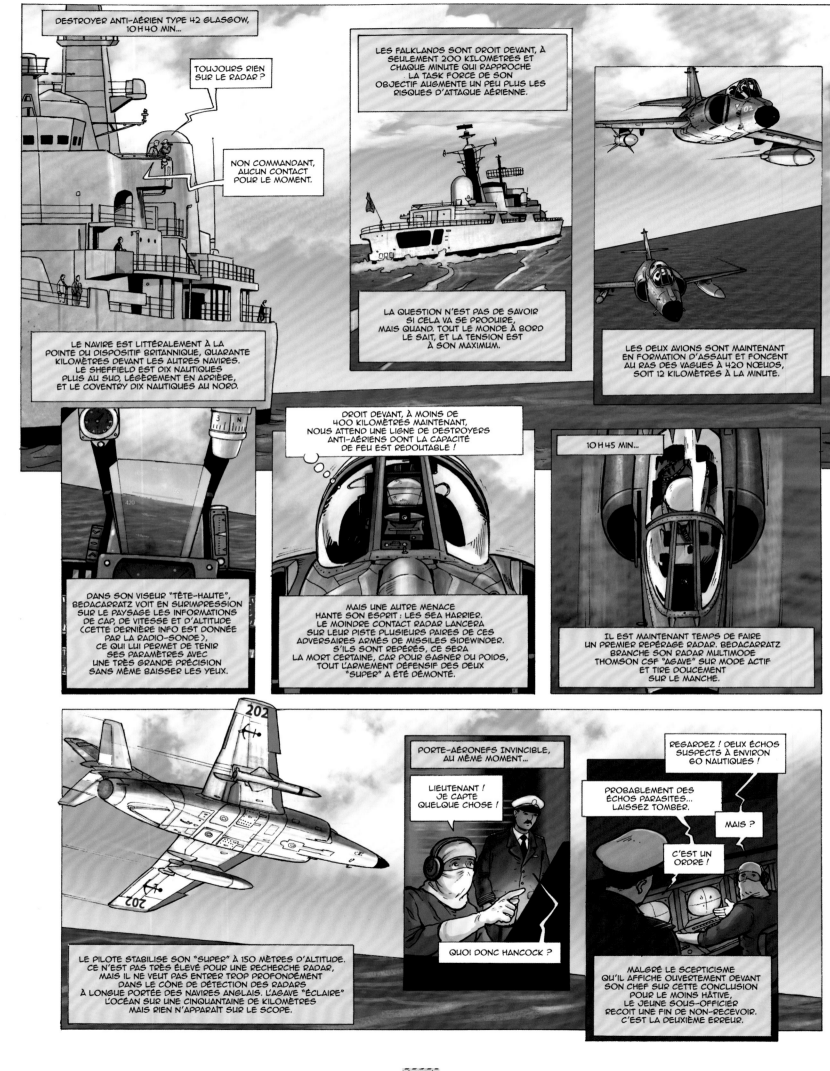

DESTROYER ANTI-AÉRIEN TYPE 42 GLASGOW, 10H40 MIN...

TOUJOURS RIEN SUR LE RADAR ?

NON COMMANDANT, AUCUN CONTACT POUR LE MOMENT.

LES FALKLANDS SONT DROIT DEVANT, À SEULEMENT 200 KILOMÈTRES ET CHAQUE MINUTE QUI RAPPROCHE LA TASK FORCE DE SON OBJECTIF AUGMENTE UN PEU PLUS LES RISQUES D'ATTAQUE AÉRIENNE.

LA QUESTION N'EST PAS DE SAVOIR SI CELA VA SE PRODUIRE, MAIS QUAND. TOUT LE MONDE À BORD LE SAIT, ET LA TENSION EST À SON MAXIMUM.

LE NAVIRE EST LITTÉRALEMENT À LA POINTE DU DISPOSITIF BRITANNIQUE, QUARANTE KILOMÈTRES DEVANT LES AUTRES NAVIRES. LE SHEFFIELD EST DIX NAUTIQUES PLUS AU SUD, LÉGÈREMENT EN ARRIÈRE, ET LE COVENTRY DIX NAUTIQUES AU NORD.

LES DEUX AVIONS SONT MAINTENANT EN FORMATION D'ASSAUT ET FONCENT AU RAS DES VAGUES À 420 NŒUDS, SOIT 12 KILOMÈTRES À LA MINUTE.

DANS SON VISEUR "TÊTE-HAUTE", BEDACARRATZ VOIT EN SURIMPRESSION SUR LE PAYSAGE LES INFORMATIONS DE CAP, DE VITESSE ET D'ALTITUDE (CETTE DERNIÈRE INFO EST DONNÉE PAR LA RADIO-SONDE), CE QUI LUI PERMET DE TENIR SES PARAMÈTRES AVEC UNE TRÈS GRANDE PRÉCISION SANS MÊME BAISSER LES YEUX.

DROIT DEVANT, À MOINS DE 400 KILOMÈTRES MAINTENANT, NOUS ATTEND UNE LIGNE DE DESTROYERS ANTI-AÉRIENS DONT LA CAPACITÉ DE FEU EST REDOUTABLE !

MAIS UNE AUTRE MENACE HANTE SON ESPRIT : LES SEA HARRIER. LE MOINDRE CONTACT RADAR LANCERA SUR LEUR PISTE PLUSIEURS PAIRES DE CES ADVERSAIRES ARMÉS DE MISSILES SIDEWINDER. S'ILS SONT REPÉRÉS, CE SERA LA MORT CERTAINE, CAR POUR GAGNER DU POIDS, TOUT L'ARMEMENT DÉFENSIF DES DEUX "SUPER" A ÉTÉ DÉMONTÉ.

10H45 MIN...

IL EST MAINTENANT TEMPS DE FAIRE UN PREMIER REPÉRAGE RADAR. BEDACARRATZ BRANCHE SON RADAR MULTIMODE THOMSON CSF "AGAVE" SUR MODE ACTIF ET TIRE DOUCEMENT SUR LE MANCHE.

LE PILOTE STABILISE SON "SUPER" À 150 MÈTRES D'ALTITUDE. CE N'EST PAS TRÈS ÉLEVÉ POUR UNE RECHERCHE RADAR, MAIS IL NE VEUT PAS ENTRER TROP PROFONDÉMENT DANS LE CÔNE DE DÉTECTION DES RADARS À LONGUE PORTÉE DES NAVIRES ANGLAIS. L'AGAVE "ÉCLAIRE" L'OCÉAN SUR UNE CINQUANTAINE DE KILOMÈTRES MAIS RIEN N'APPARAÎT SUR LE SCOPE.

PORTE-AÉRONEFS INVINCIBLE, AU MÊME MOMENT...

LIEUTENANT ! JE CAPTE QUELQUE CHOSE !

QUOI DONC HANCOCK ?

REGARDEZ ! DEUX ÉCHOS SUSPECTS À ENVIRON 60 NAUTIQUES !

PROBABLEMENT DES ÉCHOS PARASITES... LAISSEZ TOMBER.

MAIS ?

C'EST UN ORDRE !

MALGRÉ LE SCEPTICISME QU'IL AFFICHE OUVERTEMENT DEVANT SON CHEF SUR CETTE CONCLUSION POUR LE MOINS HÂTIVE, LE JEUNE SOUS-OFFICIER REÇOIT UNE FIN DE NON-RECEVOIR. C'EST LA DEUXIÈME ERREUR.

CETTE FOIS-CI, ÇA Y EST, ON DOIT ÊTRE EN PLEIN DANS LA FENÊTRE DE TIR DÉFINIE AU BRIEFING !

BEDACARRATZ ET MAYORA MONTENT À 150 MÈTRES D'ALTITUDE POUR EFFECTUER LA DÉSIGNATION RADAR.

CONTACTS MULTIPLES ! LA TASK FORCE BRITANNIQUE !

MAIS S'IL PEUT VOIR LES NAVIRES ENNEMIS, EUX PEUVENT AUSSI LE REPÉRER ! ET EN EFFET, LE DÉTECTEUR D'ALERTES ÉLECTROMAGNÉTIQUES DE SON SUPER ÉTENDARD LUI SIGNALE QU'IL EST ACCROCHÉ PAR UN RADAR DE TIR.

IL FAUT FAIRE VITE ! LE PILOTE SÉLECTIONNE À L'AIDE DU MANCHE RADAR LA CIBLE QUI LUI SEMBLE LA PLUS IMPORTANTE. DISTANCE : 43 KILOMÈTRES. IL LUI EST IMPOSSIBLE DE SAVOIR S'IL S'AGIT DE L'UN DES PORTE-AÉRONEFS OU D'UN AUTRE NAVIRE, MAIS IL N'EST PLUS TEMPS DE TERGIVERSER ; L'ALERTE EST DONNÉE.

LES COORDONNÉES SONT IMMÉDIATEMENT TRANSMISES AU DISPOSITIF DE GUIDAGE ACTIF DU MISSILE. IL NE RESTE PLUS QU'À ENTRER MANUELLEMENT LES PARAMÈTRES DÉFINISSANT LE MODE D'ATTAQUE DES EXOCET, CHOSE FACILE À FAIRE EN SIMULATEUR, MAIS MOINS ÉVIDENTE EN RÉEL AVEC LE STRESS DU COMBAT.

C.O. DU GLASGOW, AU MÊME MOMENT...

COMMANDANT, DEUX ÉCHOS CONFIRMÉS DANS LE 250, DISTANCE 20 NAUTIQUES !!

20 NAUTIQUES ! COMMENT ONT-ILS PU APPROCHER SI PRÈS SANS ÊTRE DÉTECTÉS ?

LES MACHINES EN AVANT TOUTE, LA BARRE À DROITE TOUTE, COMMENCEZ LA SÉQUENCE DE LARGAGE DES LEURRES !

ALERTE GÉNÉRALE ! ATTAQUE AÉRIENNE IMMINENTE ! AUX POSTES DE COMBAT !

SOUS LA POUSSÉE DE SES TURBINES OLYMPUS LANCÉES À PLEIN RÉGIME, LE DESTROYER S'ORIENTE AU NORD TOUT EN ACCÉLÉRANT VERS SA VITESSE MAXIMALE DE 30 NŒUDS. LE BUT EST DE QUITTER LE PLUS RAPIDEMENT POSSIBLE LA ZONE OÙ LE NAVIRE A ÉTÉ VERROUILLÉ PAR LE RADAR DES "SUPER" TOUT EN LANÇANT DES PAILLETTES MÉTALLIQUES AFIN DE FAIRE CROIRE À L'AUTODIRECTEUR DU MISSILE QUE SA CIBLE EST TOUJOURS AU MÊME ENDROIT.

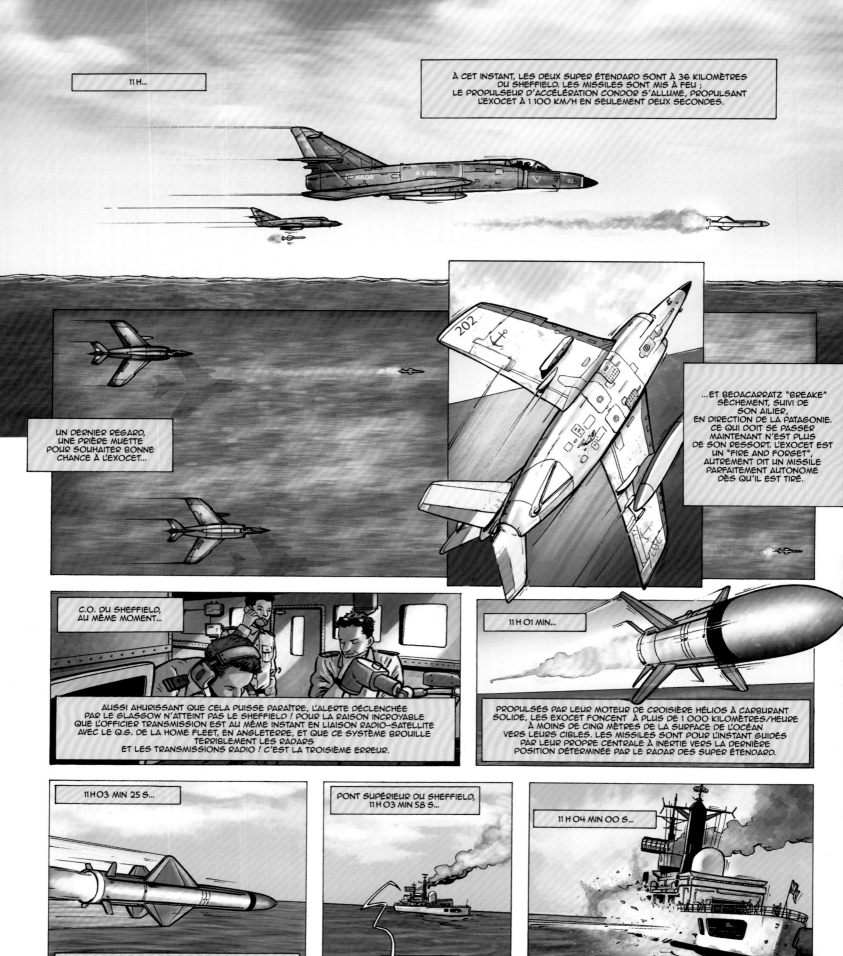

11 H...

À CET INSTANT, LES DEUX SUPER ÉTENDARD SONT À 36 KILOMÈTRES DU SHEFFIELD. LES MISSILES SONT MIS À FEU ; LE PROPULSEUR D'ACCÉLÉRATION CONDOR S'ALLUME, PROPULSANT L'EXOCET À 1 100 KM/H EN SEULEMENT DEUX SECONDES.

UN DERNIER REGARD, UNE PRIÈRE MUETTE POUR SOUHAITER BONNE CHANCE À L'EXOCET...

...ET BEDACARRATZ "BREAKE" SÈCHEMENT, SUIVI DE SON AILIER, EN DIRECTION DE LA PATAGONIE. CE QUI DOIT SE PASSER MAINTENANT N'EST PLUS DE SON RESSORT. L'EXOCET EST UN "FIRE AND FORGET", AUTREMENT DIT UN MISSILE PARFAITEMENT AUTONOME DÈS QU'IL EST TIRÉ.

C.O. DU SHEFFIELD, AU MÊME MOMENT...

AUSSI AHURISSANT QUE CELA PUISSE PARAÎTRE, L'ALERTE DÉCLENCHÉE PAR LE GLASGOW N'ATTEINT PAS LE SHEFFIELD ! POUR LA RAISON INCROYABLE QUE L'OFFICIER TRANSMISSION EST AU MÊME INSTANT EN LIAISON RADIO-SATELLITE AVEC LE Q.G. DE LA HOME FLEET, EN ANGLETERRE, ET QUE CE SYSTÈME BROUILLE TERRIBLEMENT LES RADARS ET LES TRANSMISSIONS RADIO ! C'EST LA TROISIÈME ERREUR.

11 H 01 MIN...

PROPULSÉS PAR LEUR MOTEUR DE CROISIÈRE HÉLIOS À CARBURANT SOLIDE, LES EXOCET FONCENT À PLUS DE 1 000 KILOMÈTRES/HEURE À MOINS DE CINQ MÈTRES DE LA SURFACE DE L'OCÉAN VERS LEURS CIBLES. LES MISSILES SONT POUR L'INSTANT GUIDÉS PAR LEUR PROPRE CENTRALE À INERTIE VERS LA DERNIÈRE POSITION DÉTERMINÉE PAR LE RADAR DES SUPER ÉTENDARD.

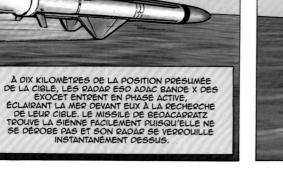

11 H 03 MIN 25 S...

À DIX KILOMÈTRES DE LA POSITION PRÉSUMÉE DE LA CIBLE, LES RADAR ESD ADAC BANDE X DES EXOCET ENTRENT EN PHASE ACTIVE, ÉCLAIRANT LA MER DEVANT EUX À LA RECHERCHE DE LEUR CIBLE. LE MISSILE DE BEDACARRATZ TROUVE LA SIENNE FACILEMENT PUISQU'ELLE NE SE DÉROBE PAS ET SON RADAR SE VERROUILLE INSTANTANÉMENT DESSUS.

PONT SUPÉRIEUR DU SHEFFIELD, 11 H 03 MIN 58 S...

TAKE COVER !!!.

11 H 04 MIN 00 S...

LE MISSILE PERCUTE LA COQUE DU SHEFFIELD À LA VITESSE TRANSSONIQUE DE 300 MÈTRES À LA SECONDE, DÉCHIRANT L'ACIER COMME DU PAPIER DE SOIE.

LES 165 KILOS D'EXPLOSIFS À HAUT POUVOIR BRISANT DÉTONNENT INSTANTANÉMENT DANS LE VENTRE DU NAVIRE, DÉTRUISANT INSTANTANÉMENT LA CAFÉTÉRIA ET LE CENTRE DE CONTRÔLE DES AVARIES. AUSSITÔT, UN INCENDIE SE DÉCLENCHE ET SE PROPAGE AVEC UNE VITESSE FULGURANTE À TRAVERS LES GAINES DE CÂBLES ÉLECTRIQUES ET LES CONDUITS DE LA CLIMATISATION. LE C.O. EST TRÈS RAPIDEMENT HORS SERVICE, TANDIS QUE LES FLAMMES RAVAGENT LE SYSTÈME ÉLECTRIQUE. PRIVÉ DE COURANT, LE SYSTÈME DE LUTTE ANTI-FEU NE PEUT SE DÉCLENCHER, LES POMPES NE FONCTIONNANT PAS. L'INCENDIE SE PROPAGE RAPIDEMENT TANDIS QUE LA FUMÉE TOXIQUE TUE PLUSIEURS MARINS ET EN INTOXIQUE D'AUTRES.

PENDANT CE TEMPS, LE DEUXIÈME EXOCET PASSE SANS ENCOMBRE AU MILIEU DE LA PREMIÈRE LIGNE DE DÉFENSE CONSTITUÉE PAR LES TROIS DESTROYERS ANTI-AÉRIENS...

...ET SE VERROUILLE SUR LA FRÉGATE YARMOUTH, SITUÉE EN DEUXIÈME LIGNE, QUELQUES NAUTIQUES EN AVANT DES DEUX PORTE-AÉRONEFS.

LE MISSILE EST DÉVIÉ IN EXTREMIS PAR LES MANŒUVRES D'URGENCE DE LA FRÉGATE ET SES CONTRE-MESURES ÉLECTRONIQUES. IL S'ABÎMERA À SEULEMENT 300 MÈTRES DU NAVIRE.

DES HÉLICOPTÈRES WESTLAND SEA KING APPORTENT DU MATÉRIEL DE SECOURS ET ÉVACUENT LES PREMIERS BLESSÉS, TANDIS QUE LES FRÉGATES ARROW ET YARMOUTH ASPERGENT AVEC LEURS LANCES À INCENDIE LE PONT DU SHEFFIELD. EN VAIN. LE FEU SE DÉPLAÇANT VERS LA SOUTE À MUNITIONS, LE DANGER DEVIENT ALORS TROP GRAND. IL EST 15 HEURES LORSQUE LE COMMANDANT SALT ORDONNE L'ABANDON DU NAVIRE.

LE SHEFFIELD COULERA QUELQUES JOURS PLUS TARD PENDANT SON REMORQUAGE VERS LA GRANDE-BRETAGNE, METTANT UN TERME À UNE TRAGÉDIE QUI COÛTA LA VIE À 22 MARINS.

QUANT AUX DEUX SUPER ÉTENDARD, ILS PURENT RENTRER À LEUR BASE SANS ENCOMBRE. LES PILOTES N'APPRIRENT LE RÉSULTAT DE LEUR ATTAQUE QUE LE LENDEMAIN, LORS DE L'ANNONCE TÉLÉVISÉE FAITE PAR LE PORTE-PAROLE DE L'AMIRAUTÉ BRITANNIQUE.

IL Y EUT DEUX AUTRES EXOCET TIRÉS PENDANT CETTE GUERRE. LE 25 MAI 1982, DEUX " SUPER ÉTENDARD " RÉPÉTÈRENT À L'IDENTIQUE LA MISSION DE BEDACARRATZ ET MAYORA. MAIS LES ANGLAIS, SUR LE QUI-VIVE DEPUIS LA PREMIÈRE ATTAQUE, RÉAGIRENT PROMPTEMENT ET SANS ERREUR. LES NAVIRES DE GUERRE ENGAGÈRENT DES MANŒUVRES ÉVASIVES, LARGUÈRENT LEURS PAILLETTES, TANT ET SI BIEN QUE LES DEUX EXOCET SE VERROUILLÈRENT SUR LE SEUL BÂTIMENT DÉPOURVU DE TOUT ARTIFICE: LE MALHEUREUX PORTE-CONTAINERS ATLANTIC CONVEYOR, TRANSPORTANT TOUTE LA LOGISTIQUE DU CORPS EXPÉDITIONNAIRE BRITANNIQUE, SOIT UNE QUINZAINE D'HÉLICOPTÈRES, DONT QUATRE LOURDS, DU CARBURANT AVIATION ET DES MUNITIONS EN QUANTITÉ. LES DEUX MISSILES L'ÉVENTRÈRENT EN MÊME TEMPS, TUANT 11 MARINS, DONT LE COMMANDANT. POUR L'AMIRAL WOODWARD, COMMANDANT LA TASK FORCE BRITANNIQUE, C'ÉTAIT UNE PERTE GRAVE, NÉANMOINS TEMPÉRÉE PAR LE FAIT QUE LES ARGENTINS NE DISPOSAIENT ALORS PLUS QUE... D'UN SEUL EXOCET ! QUI NE FUT JAMAIS LANCÉ...

E2 SUR AL-MAZA

Scénario : Frédéric Desrues • Dessins : Dams • Couleurs : Vincent Jagerschmidt • Storyboard : Ullcer

ÉGYPTE, LE 15 SEPTEMBRE 1978 : JEAN-MARIE SAGET, CHEF PILOTE AMD-BA, S'APPRÊTE À FAIRE LA PRÉSENTATION DU 2ÈME PROTOTYPE DE L'ALPHA JET. EN PLACE ARRIÈRE LE COLONEL FAHRID SAMIR, DE L'ARMÉE DE L'AIR ÉGYPTIENNE.

AH! AH! JEAN-MARIE, SI TU VOLES PAS TROP MAL TOUT À L'HEURE, ON VERRA... TON AVION SERA PEUT-ÊTRE À MOITIÉ LE MIEN...

ALORS FAHRID, ÇA TE FAIT QUOI DE VOLER DANS UN AVION FRANÇAIS? ÇA VA TE CHANGER DU RUSSE, NON?

LA TENSION EST PALPABLE DEPUIS QUE L'ÉGYPTE ET L'URSS ONT ROMPU. PAS QUESTION DE LIVRER LES DERNIERS MODÈLES TU-22 ET MIG-23. C'EST LE BLOCUS : LES AVIONS ÉGYPTIENS EN MAINTENANCE EN URSS ET LEURS PIÈCES DÉTACHÉES SONT BLOQUÉS. L'ÉGYPTE DOIT RÉAGIR.

ÇA Y EST, LES V.I.P. COMMENCENT À ARRIVER... QUE DU GRATIN... ET PAS DES ÉGYTIENS...

OUI, IL Y A AUSSI DES REPRÉSENTANTS DE TOUT LE COIN ON DIRAIT...

L'ÉQUIPE DASSAULT SAIT QU'ELLE A UNE CARTE À JOUER.

OUI, IL Y A TOUTE L'O.A.I. (*)! SI ON REMPORTE LE CONTRAT ALPHA JET AUJOURD'HUI, ON MET UN PREMIER PAS SUR LE MARCHÉ DU GOLFE... ET PAS QUE L'ALPHA JET.

TU VEUX DIRE QU'APRÈS, IL Y AURAIT LE MIRAGE 2000?

C'EST UNE POSSIBILITÉ, OUI. MAIS, IL EST TROP TÔT POUR LE DIRE.

T'AS RAISON... JEAN-MARIE NE DEVRAIT PLUS TARDER À SE POSER. ALLONS PRÉPA-RER LE VOL DE PRÉSENTATION.

AU-DESSUS DU QUARTIER D'HELIOPOLIS, AU CAIRE.

OUAIS, D'ACCORD FARHID, C'EST BEAU TON QUARTIER, JE RECONNAIS...

MAIS C'EST L'HEURE DE RENTRER MAINTENANT. FAUDRAIT PAS QUE JE SOIS EN RETARD...

* : L'ORGANISATION ARABE POUR L'INDUSTRIALISATION (OAI) RASSEMBLE L'ÉGYPTE, LE QATAR, L'ARABIE SAOUDITE ET LES ÉMIRATS ARABES UNIS. CE N'EST PLUS UN SIMPLE CONTRAT D'ACHAT, MAIS UN TRANSFERT DE TECHNOLOGIE DE FABRICATION D'ÉLÉMENTS IMPORTANTS DE L'AVION ET DE L'ASSEMBLAGE.

ON EST ATTENDU ON DIRAIT...

BON, SI JE TE LAISSE LES COMMANDES, TU SAURAS RENTRER À LA BASE ?

AH ! AH ! JE POURRAI MÊME TE FAIRE ATTERRIR...

BON, COMME IL FAIT TRÈS CHAUD ET QU'ON EST LOURD, POUSSE TA VENT ARRIÈRE PLUS LOIN QUE D'HABITUDE AVANT DE FAIRE TON DERNIER VIRAGE.

BIEN, MAINTENANT GARDE CETTE VITESSE. ON N'ARRIVE PAS TROP VITE. COMME ÇA, OUI...

???

CLANG! CLANG!!

BON SANG !

TU VAS REPARTIR, OUI !

CLANG !
CLANG !!

!!!

ON RISQUE LE FEU MOTEUR ! JE COUPE LE MOTEUR GAUCHE.

ON PEUT SE POSER SUR UN SEUL MOTEUR ?

OUI, CELA NE DEVRAIT PAS POSER DE PROBLÈME...

IL SUFFIT D'AUGMENTER LA PUISSANCE SUR L'AUTRE MOTEUR.

NON ! LE MOTEUR DROIT NOUS LÂCHE AUSSI !

DOUBLE EXTINCTION MOTEUR !

ON EST TROP LOIN POUR REJOINDRE LA PISTE !

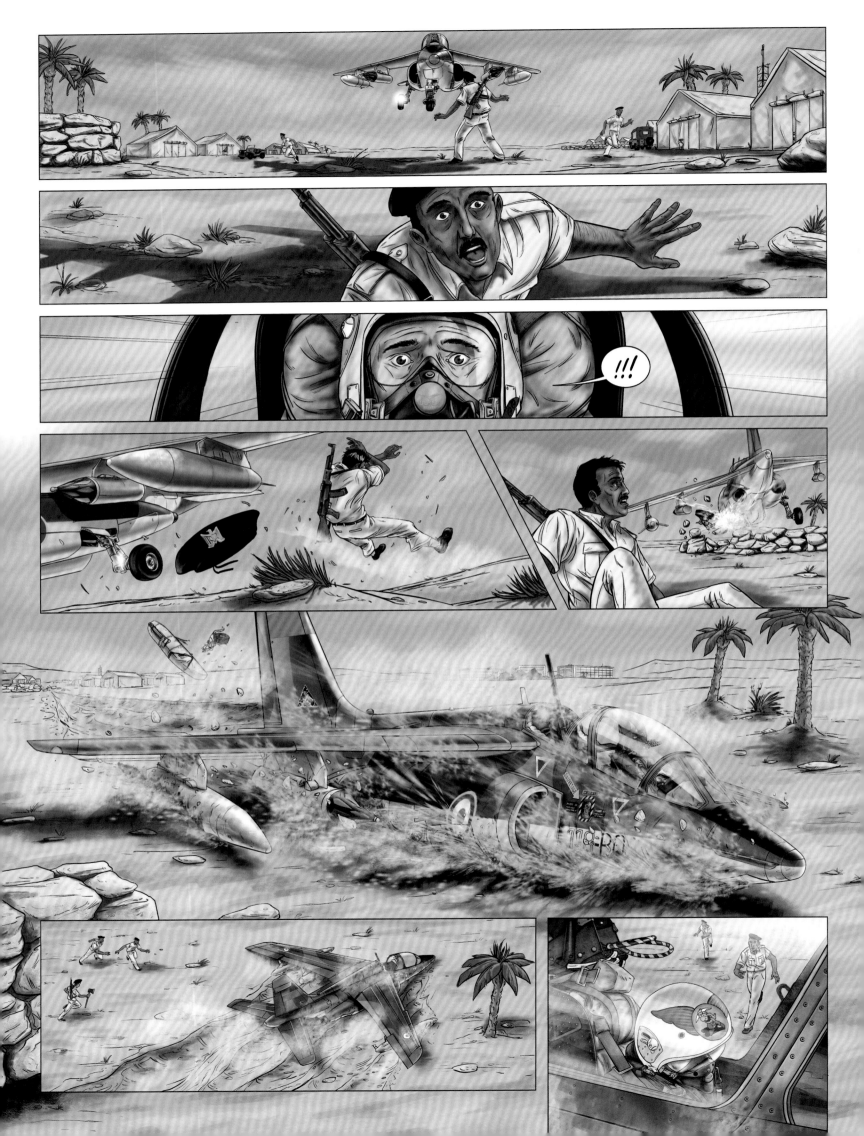

YALLA ! ...
YALLA ! ...

??

HEU ...
HEU...

APPELEZ UNE
AMBULANCE POUR LE
PILOTE! QU'ATTENDEZ-VOUS !

ROGER (*),
COMMENCE À
JETER UN ŒIL
SUR L'AVION !

C'EST ÇA
UNE
AMBULANCE !?

FAITES
ATTENTION...

TÂCHEZ AU MOINS DE
PAS LUI BRISER LES
JAMBES ?
ÇA SERAIT LE COMBLE
APRÈS UN CRASH !

APRÈS AVOIR
COUPÉ LA BATTERIE,
SORTI LE RÉSERVOIR
D'OXYGÈNE
ET VÉRIFIÉ
QUE TOUTES
LES ROQUETTES
AVAIENT ÉTÉ TIRÉES,
L'ÉQUIPE DASSAULT
INSPECTE LE COCKPIT.

REGARDE ROGER,
LE RIDEAU EST SORTI
MAIS LE SIÈGE
N'EST PAS PARTI !

OUI, MAIS
JE PARIERAIS
QUE CE N'EST
PAS JEAN-MARIE
QUI A TIRÉ SUR
LA POIGNÉE!

DES SECOURS
QUI SE SERVENT D'UNE
HACHE AU LIEU DE TIRER
LES POIGNÉES
DE FRAGILISATION...

OUI, TU AS RAISON...
M'ÉTONNERAIT PAS
QU'ILS AIENT AUSSI
TIRÉ SUR LA POIGNÉE
D'ÉJECTION QUAND
ILS ONT SORTI
JEAN-MARIE

PILOTE
BRISER LA GLACE

PAR CHANCE,
LE CANON DU
SIÈGE A DÛ SE
CASSER AVEC LE
CHOC DU CRASH,
OU UN TRUC
COMME ÇA...

OUI, SINON,
LE SIÈGE SERAIT
PARTI
EN PROJETANT EN
L'AIR TOUS CEUX
QUI ÉTAIENT
DESSUS !
QUELLE CHANCE !

IL FAUDRA TOUT PASSER AU
PEIGNE FIN ET TOUT RAMENER.
POUR LE CANON,
IL NOUS FAUT DE L'AIDE.

MESSIEURS,
VENEZ ICI S'IL
VOUS PLAÎT !
NOUS AURIONS
BESOIN DE
VOTRE...

NON, REVENEZ
ENFIN !

QUE SE
PASSE-T-IL
ENCORE ?

(*) ROGER CROS, CHEF MÉCANICIEN

CE VOL INAUGURAL DEVAIT SE DÉROULER DANS L'ENCEINTE DE L'USINE D'HÉLOUÂN, DÉCISION PRISE PAR SÉCURITÉ APRÈS L'ASSASSINAT DU PRÉSIDENT SADATE.

AH NON JEAN-MARIE, PAS ENCORE!

BASE AÉRIENNE DE TOURS, 30 ANS APRÈS LE CRASH DE L'ALPHA JET. L'AJETS, ÉCOLE DE CHASSE EUROPÉENNE, FORME SES ÉLÈVES SUR CET AVION RÉPUTÉ SÛR.

THIS ALPHA JET IS THE REAL AIRCRAFT WHICH CRASHED IN ÉGYPT IN 1978! *

(*) CET APPAREIL ALPHA JET EST LE VÉRITABLE APPAREIL QUI S'EST ÉCRASÉ EN ÉGYPTE EN 1978!

SINCE THIS CRASH, THE ALPHA JET HAS BEEN EQUIPPED WITH INVERTED FLIGHT ACCUMULATORS, WHY? *

DEPUIS L'AN 2004, L'ENSEMBLE DE LA FORMATION DES ÉLÈVES PILOTES ET NAVIGATEURS, TANT AU SOL QU'EN VOL, S'EFFECTUE EN ANGLAIS.

(*) DEPUIS CE CRASH, L'ALPHA JET EST ÉQUIPÉ D'ACCUMULATEURS DE VOL INVERSÉ, POURQUOI?

LA COMMISSION D'ENQUÊTE CONCLUT QUE LA CAUSE DE LA PANNE SIMULTANÉE DES DEUX RÉACTEURS SNECMA-TURBOMÉCA LARZAC 04 PROVENAIT DU PASSAGE PROLONGÉ DE L'AVION EN VOL INVERSÉ.
EN VOL DOS, L'ALIMENTATION EN HUILE NE S'EFFECTUE PLUS CORRECTEMENT; LES ROULEMENTS DE PALIER NE SONT PLUS LUBRIFIÉS ET LE MOTEUR SE GRIPPE RAPIDEMENT. CE DÉFAUT FUT CORRIGÉ PAR L'AJOUT D'ACCUMULATEURS DE VOL INVERSÉ QUI PERMETTENT DE PROLONGER UN PEU LA DURÉE DU VOL INVERSÉ EN PRÉSERVANT LE BON FONCTIONNEMENT DU MOTEUR.

FIN.

Deux minutes sous la quille d'un porte-avions…

Lors d'une sortie en mer du porte-avions Foch, dans le cadre d'un exercice allié baptisé « Océan Safari » auquel participent des bâtiments et avions français, américains et anglais, la Flotte évolue en plein Atlantique nord, entre les Açores et Brest. À son bord, un détachement de la 12e Flottille de Chasse embarquée, équipée du mythique monoplace à incidence variable, le F8E (FN) Crusader. Les vols vont bon train, les catapultages et appontages se succédant au rythme des missions où s'opposent F14 Tomcat américains, Harrier britanniques et Crusader français.

Nous sommes le vendredi 13 juin 1983.

Sur le pont d'envol, le maître Philippe Velten, 25 ans, titulaire du brevet de pilote de chasse de l'Aéronautique navale depuis 1979 (macaron de pilote n° 6013) est affecté à la 12e Flottille de Chasse Tous Temps depuis près de trois ans. Il vient de lancer son réacteur et, aux commandes du 12F 20, roule très lentement sur le pont d'envol, magistralement dirigé par ces artistes du guidage au sol que l'on nomme « chiens jaunes », de la couleur de la tenue qui les différencie de celle des autres spécialistes qui vont et viennent sur le pont. Il a fermé et verrouillé sa verrière, enclenché la pressurisation, et a maintenant le sentiment d'être seul dans sa bulle, dans un monde à part, isolé de l'activité trépidante extérieure, préservé des bruits innombrables qui accompagnent l'activité incessante de cet aérodrome flottant : grondement de l'énorme cheminée du bateau, choc assourdissant des avions qui appontent, déchirement métallique du réac-

teur lorsqu'un avion dont la crosse a manqué l'un des quatre « brins d'appontage » redécolle sur la piste oblique pour une nouvelle approche, haut-parleurs qui diffusent les ordres… Il ne perçoit que le chuintement de la radio qui le relie à la « passerelle avia » où un officier, lui-même pilote de chasse embarquée, règne en maître absolu sur tout ce qui se passe sur le pont d'envol et dans le circuit d'appontage. À peine entend-il le sifflement étouffé de son propre réacteur, situé à huit mètres derrière sa cabine. Il se sent bien ; la météo est idéale pour un vol de chasse : tempête de ciel bleu !

Le temps rêvé pour en découdre en combat tournoyant avec ses adversaires du jour. Il note que le porte-avions tangue assez fortement à cause d'une houle d'ouest provoquant des creux de quatre à cinq mètres et se dit que, tout à l'heure, l'appontage sera sans doute un pur exercice de style. Sa mission devrait lui permettre de libérer cette agressivité naturelle qui habite chaque chasseur : CAP (Combat Air Patrol).

Il s'y est parfaitement préparé lors du briefing qu'il a eu en salle d'alerte avec l'officier Ops. Il a soigneusement noté sur son « knee pad » la fréquence de contrôle, l'altitude de la CAP, les dernières positions connues des Flottes américaine et britannique, le poids minimum de kérosène restant, à partir duquel il devra impérativement regagner le bord. Il repasse dans sa tête les manœuvres qu'il va devoir exécuter dès la sortie de pont, en bout de catapulte : il va rentrer le train, baisser la voilure avant d'atteindre la vitesse limite, aile haute, de 220 nœuds, enclencher la post-combustion, commencer sa montée à 450 nœuds

et toujours vivant !! ....

tout en se mettant aux ordres du contrôleur d'interception et, 2'30''après, il sera à 40.000 ft et à 20 milles nautiques du porte-avions, paré pour la première interception.

Bref ! La routine…

Le pilote règle sa montre de bord ; il est 10 h 35 Z. Très lentement, répondant aux ordres précis du « chien jaune », il vient se positionner sur la catapulte avant, par petites touches sur la commande de direction hydraulique de la roulette de nez ainsi que sur les freins. Sur bâbord avant, l'hélicoptère de récupération (indicatif « Pedro » depuis des décennies) se tient en position stabilisée et à distance constante par rapport à l'étrave. Les « spécialistes catapulte » s'affairent sous l'avion pour fixer l'élingue de catapultage entre le chariot de traction et l'avion, et verrouillent le « hold back » qui va retenir l'appareil, pleins gaz et freins desserrés, jusqu'à ce qu'il se rompe sous l'effet de l'énorme traction. Puis, tous les contrôles étant effectués, ils lèvent le pouce en l'air à l'attention de l'officier de catapulte qui devient alors, seul responsable du déroulement des opérations de lancement. Un dernier coup d'œil aux instruments moteur, vérification du verrouillage du harnais de sécurité et de la verrière, et le pilote regarde l'officier de catapulte. Il est prêt pour le coup de pied aux fesses qui va, sur une longueur de 50 mètres et en moins de deux secondes, projeter les 14 tonnes de sa machine à 280 kilomètres/heure.

Philippe raconte :

« *Je vois apparaître sur ma droite le directeur de Pont d'envol, ancien pilote de la 12F, à qui j'adresse un petit geste amical. C'est lui qui, dans un instant, va ordonner mon catapultage. Devant moi, je vois le nez du bateau alternativement plonger vers la mer, puis se relever largement au-dessus de l'horizon. La houle est forte. Obéissant aux ordres de l'officier de catapulte, je mets pleins gaz, vérifie mes paramètres moteur, plaque mon casque sur l'appui-tête et salue. Du coin de l'œil, je remarque que l'OC regarde vers l'avant du pont, attendant que le bateau soit sensiblement à l'horizontale puis, tout en se penchant vers l'avant, abaisse sèchement son drapeau… Le coup part !! La première partie de l'accélération est normale, et pendant cette phase, je regarde le badin afin d'avoir une idée de ma vitesse en sortie de pont. Très rapidement, je perçois un bruit sourd et un choc, ce qui me fait lever les yeux. Et là !!… Je photographie le pont du regard et réalise que le rail de catapultage est nettement décalé vers la droite au lieu d'être parfaitement au milieu de la vitre frontale : l'avion se trouve en dérapage à gauche ! Ma réaction est immédiate et instantanée. Je ne cherche pas à comprendre : ÉJECTION !!*

À ce moment précis, l'officier aviation hurle sur la fréquence : ÉJECTION !
ÉJECTION ! ÉJECTION ! mais je n'en ai aucun souvenir. J'ai pourtant
dû l'entendre sans le stocker dans ma mémoire, car je n'hésite pas un
centième de seconde. Je lâche manette des gaz et manche pour me sai-
sir de la poignée basse. Au travers de mes gants, je sens que je tiens
quelque chose, et je tire !... Là, je dois ouvrir une parenthèse : sur
le Crusader, le pilote a entre les jambes, le flexible de la bouteille d'oxygène de secours, les sangles de rappel des genoux
– que l'on nomme dans notre jargon, des « casse-rotules » et
qui ont pour fonction de resserrer les jambes en cas d'éjection – et, enfin, cette poignée basse d'éjection, plate et de
petites dimensions, au travers de laquelle on doit passer
les doigts avant de tirer. Ce geste est extrêmement aisé
à faire quand on est au calme, dans un avion à l'arrêt,
mais… dans une situation d'urgence comme celle-
ci… Hum !… Je tire donc sur ce que je tiens et à ce
moment précis, je passe l'extrémité du pont……
IL NE SE PASSE RIEN !!

J'ai tout à fait conscience que ça ne part pas et
me penche une deuxième fois pour attraper la
poignée ; je tire à nouveau et quand ma tête
bute en retour sur l'appui-tête, je réalise que
je vais vers l'impact avec l'eau, que le siège
ne partira pas et que je vais prendre tout en
pleine figure. Je suis sûr que c'est la fin :
JE SUIS MORT ! Quoi qu'il se passe, que
ce soit le siège qui parte ou que ce soit
l'impact sur la mer, JE SAIS QUE JE
SUIS MORT ! Toutes ces pensées me
traversent l'esprit à une vitesse fulgurante et s'ancrent dans ma mémoire. Et
je me dis : c'est vraiment trop c…, mais
c'est fini !

Le choc est gigantesque ! L'avion percute en configuration train sorti, aile
haute, pleins gaz. Mes sangles de sécurité sont fermement bloquées, la
verrière explose littéralement sous le
choc. L'eau a envahi la cabine à l'impact et je suis immergé. J'ai la sensation très désagréable d'être dans
une machine à laver sur programme
« essorage » mais encore avec de

l'eau à l'intérieur. *Je suis tête nue, mon casque et mon masque à oxygène ont disparu. En quel-ques brèves secondes, je suis passé du pont d'un porte-avions dans une machine à laver en plein essorage !!*

Pendant ce très court laps de temps, le commandant du Foch a hurlé *« la barre à droite, toute !! stoppez les hélices !! »* déclenchant ainsi une procédure d'urgence ins-tantanée, à laquelle sont régulièrement entraînés, tant les timo-niers que les mécaniciens machine. De son côté, l'équipage de Pedro constate qu'au moment de l'impact, l'avion se brise en deux parties, l'avant disparaissant instantanément sous l'eau, la partie arrière contenant le réacteur, explosant sous l'effet des contraintes thermiques.

Je suis mort ! Et je me dis : ce n'est donc que ça, la mort ? Et puis, la sensation physique de la fraîcheur de l'eau me res-suscite soudain. Je suis tellement heureux d'être en vie que je me sens assez bien dans la situation où je me trouve. Je perds un temps considérable, sans réagir : je suis en apnée, je suis assis sur mon siège, je suis certes sous l'eau… mais je suis vivant ! Soudainement, la machine à laver s'arrête.…… et j'ouvre les yeux. Je vois, à l'emplacement de la verrière, des dents-de-scie en plexiglas ; l'arceau est toujours en place. Il me vient alors l'idée de tenter une éjection sous l'eau. Je me saisis à nouveau de quelque chose que je crois identifier comme étant la poignée basse et je tire. Je me dis alors que de toute façon, la séquence d'éjection du siège ne s'effectuera pas puisque l'arceau de verrière est toujours en place. À aucun moment, je n'ai l'idée de tirer la poignée haute. En effet, tout l'entraînement effectué à terre, dans ce domaine, est basé sur le fait que la poignée basse est plus facilement accessible que la poignée haute et la séquence d'éjection plus rapide.

Lors de « l'enquête accident », les mécaniciens machine ont déclaré avoir entendu le frottement de l'épave sur la coque, sans pouvoir préciser à quel niveau se situait ce bruit.
La vue des morceaux de la verrière brisée me fait alors penser qu'il y a, là, un passage vers le haut. Je déboucle mon har-nais de sécurité, percute la bouteille de ma « Mae West » et donne une poussée des jambes. La moitié de mon corps passe à l'extérieur de la cabine… et je reste coincé par les jambes !!

Je comprends aussitôt qu'il s'agit des « casse-rotules » que je n'ai pas détachés. Je me rassieds dans l'avion, cherche à tâtons le long du siège la poignée de déverrouillage des sangles, finis par la trouver, l'ouvre, et me propulse à nouveau vers l'extérieur. Cette fois, mon corps entier se trouve à l'extérieur du cockpit. Je suis libre !
Je vois en dessous de moi la masse sombre de l'épave qui s'enfonce dans les abîmes. Mes tempes cognent dure-ment dans ma tête et mes poumons commencent à réclamer leur dose d'oxygène. Tout s'assombrit autour de moi et je réa-lise alors avec horreur qu'en fait, je ne suis pas libéré mais que je m'enfonce avec l'épave vers ce qui va inéluctablement devenir mon linceul. La distance entre l'épave et moi n'aug-mente pas et tout devient noir. C'est la nuit ! Je ne comprends pas ce qui se passe : je suis libéré et pourtant, JE COULE ! C'est la fin… je vais mourir… je n'en peux plus… j'ai tout fait pour m'en sortir… je baisse les bras… la partie est perdue. Je me dis, pour la deuxième fois, que ça n'est pas difficile et pour la deuxième fois, j'accepte cette mort contre laquelle je lutte pourtant déjà depuis une éternité. Tout me paraît facile… Je me laisse aller.
À demi conscient, mes pensées vagabondent vers les êtres qui me sont si chers… et j'y puise une soudaine énergie ! Je me dis que c'est trop c…, que je ne peux pas partir comme ça, qu'il faut faire quelque chose ! En tâtonnant, je découvre que je suis relié à la cabine par la sangle de liaison « Mae West » / dinghy de survie qui elle, se trouve toujours solidaire du parachute resté sur le siège. Je me saisis de cette sangle, la remonte vers moi, attrape le double cliquet de liaison, appuie avec fébrilité, ne parviens pas à l'ouvrir, recommence, tâtonne, m'énerve… puis finis par obtenir gain de cause : la sangle devient molle. Tout est noir autour de moi. La dernière fois que j'ai regardé vers le haut, j'ai vu, par transparence, une tête d'épingle lu-mineuse : c'était le soleil, l'astre de vie. Maintenant, je ne vois plus rien… je suis dans les ténèbres. Je nage désespérément vers la surface ; mes poumons sont au bord de l'explosion, je ne vais plus pouvoir résister à l'envie d'ouvrir la bouche et d'aspirer… Je suis à bout… je bats frénétiquement des pieds… ma combinaison me colle à la peau… mes chaussures sont soudainement très lourdes… je vais craquer, et il fait toujours aussi noir. Je suis au bord de la syncope et crains de ne pas survivre.…… si près de la vie.

En une fraction de seconde, la nuit s'estompe et une
clarté blafarde s'étale, là-haut, à la surface. Je re-
double d'énergie, aidé par ma « Mae West » qui me
tire vers l'air libre. Mon corps entier est propulsé
hors de l'eau, comme un bouchon, et je retombe
sur le dos. J'expulse l'air vicié de mes bronches
et aspire, à m'en faire mal, l'atmosphère entière.
Mon cœur bat à tout rompre, mes oreilles me font
souffrir, ma poitrine est douloureuse, ma tête va
éclater…
JE VIS ! Je vois, là, devant moi, à quelques deux
ou trois cents mètres, l'arrière du porte-avions
que je viens de quitter, mais… par l'avant. La
seule idée qui me vienne alors à l'esprit est
« putain !! les c…, ils partent sans moi !! ».
Et là, terrassé par une immense fatigue, je
me laisse aller sur le dos, les bras en croix.
Ma tête est vide… je ne pense plus. Je ne
veux qu'une chose : respirer, respirer encore.
J'ouvre grand la bouche… et avale un paquet
de mer !… je manque de m'asphyxier ! L'eau
pénètre dans mon estomac et mes poumons. Je
n'arrive plus à respirer normalement. Je suf-
foque, je tousse, j'éructe !… Le bruit caracté-
ristique du rotor de Pedro parvient alors à mes
oreilles et se stabilise à ma verticale. Je découvre
soudainement un plongeur à côté de moi qui cherche à me passer la sangle de treuillage autour de
la poitrine. Mais l'état de la mer est tel que l'exercice s'avère extrêmement difficile. Le pilote de l'hélico s'évertue à épouser les mouvements de la houle
afin de stabiliser, autant que faire se peut, ce fichu filin

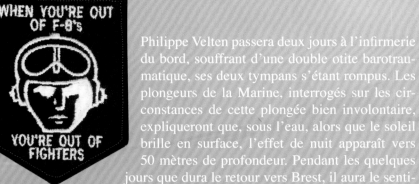

qui semble monter, descendre et danser autour de moi. Finalement, je me retrouve suspendu sous l'hélicoptère et découvre que mon casque ainsi que mon masque à oxygène, arrachés au moment de l'impact dans l'eau, pendent dans mon dos. Le treuilleur s'en rend compte également, me redescend dans l'eau et me fait signe de me débarrasser de ces accessoires devenus encombrants et dangereux. Encore un effort, et je suis happé par deux solides mains qui me tirent à l'intérieur de l'hélicoptère. Je suis allongé sur le plancher, complètement compressé par ma fidèle « Mae West » qui, maintenant que je suis hors de l'eau, est en train de m'étouffer. L'équipage essaie, sans succès, de me libérer et ne parvient pas à la dégonfler. Je leur fais alors signe de regarder ma jambe sur laquelle est fixé mon couteau réglementaire de survie. L'un d'eux se saisit de son propre poignard et, sans ménagement pour le matériel de l'État, éventre mon gilet de sauvetage. En quelques secondes, Pedro me ramène sur le pont. On se saisit de moi, on me couche sur une civière. Tout autour de moi, je ne vois que des paires de chaussures noires. C'est ce moment que choisit mon estomac pour régurgiter toute l'eau de mer qu'il contient… sur les chaussures les plus proches. Mon regard remonte tout le long du pantalon qui jouxte les godasses et je découvre avec stupeur que leur propriétaire n'est autre que le médecin du bord !

Malgré le tragique de la situation, il me vient alors à l'esprit une pensée pour le moins cocasse en pareille circonstance : « M…! je viens de dégueuler sur les pompes d'un officier ! ».

Philippe Velten passera deux jours à l'infirmerie du bord, souffrant d'une double otite barotraumatique, ses deux tympans s'étant rompus. Les plongeurs de la Marine, interrogés sur les circonstances de cette plongée bien involontaire, expliqueront que, sous l'eau, alors que le soleil brille en surface, l'effet de nuit apparaît vers 50 mètres de profondeur. Pendant les quelques jours que dura le retour vers Brest, il aura le sentiment d'être totalement ivre, sans doute pour avoir partiellement perdu le sens de l'équilibre, mais aussi, avoue-t-il, à cause du nombre considérable de pots qu'il a dû accepter de la part de tous ceux qui, dans les diverses coursives de cette ville flottante, le reconnaissaient et voulaient absolument « arroser cela avec lui ». Au carré des Officiers Mariniers, lors d'un Loto organisé en son honneur, on lui fera tirer symboliquement un jeton : il sortira le numéro… 13 !! (sic !!)

Il reprendra l'entraînement après quelques semaines d'un repos bien mérité auprès des siens, et suivra la progression normale d'entraînement vers les qualifications de chef de Patrouille et appontages de nuit.

En 1989, soit six ans après son aventure, Philippe Velten a demandé son transfert vers l'armée de l'Air où il a terminé sa carrière de pilote militaire sur Mirage 2000. Il a quitté l'armée avec le grade de capitaine.

Il est actuellement sur « bombardier d'eau », commandant de bord sur Canadair sur la base d'Avions de la Sécurité civile de Marignane.

Propos recueillis par Claude Marie
Ancien pilote de Crusader à la 12F
Anecdote extraite de la gazette ARDHAN
n° 67 du 27 novembre 2004.

Couleurs : Sylvaine Scomazzon

Frédéric Zumbiehl
Matthieu Durand

TEAMRafale

N°4

TRAQUE EN AFGHANISTAN

Team Rafale est une série d'aventures aériennes contemporaines militaires. Les héros sont les capitaines Tom Nolane et Jessica Nate, pilotes de combat. Ils sont encadrés dans leurs périlleuses missions par les vrais pilotes de l'escadron 1/7 Provence.

Les sujets reflètent les problèmes de notre époque : espionnage industriel, guerre économique, force d'interposition, terrorisme…

Kandahar…

Tom Nolane, Jessica Nate et leurs amis de l'escadron 1/7 Provence sont tombés dans un véritable piège. Nul doute qu'ils arriveront à s'en sortir, mais à quel prix ?
Et quel est ce mystérieux Commando 801 opérant aux marges des frontières afghanes ? Les six soldats d'élite français du Groupe Parachutiste Commando chargés de veiller sur le satellite parviendront-ils à lui échapper ?
Quant au processeur quantique, il est maintenant clair pour le groupe de Talibans l'ayant récupéré qu'il s'agit d'une technologie valant de l'or. Ils ont décidé de le vendre à Anatoli Gurchev, le leader mondial des marchands d'armes. Devant l'importance des enjeux financiers, celui-ci décide d'employer les grands moyens pour sortir le processeur d'Afghanistan.
Pour Tom, Jessica et les équipages du 1/7 lancés sur la piste d'un ennemi aussi rapide que rusé, une course-poursuite à Mach 1.6 va s'engager, les menant des montagnes afghanes aux portes du désert iranien…

Format: 24 X 32cm, 64 pages,
reliure cartonnée
ISBN: 978-2-36118-005-8

Déjà parus :

PRÉSENTATION

TRÉSOR DE GUERRE

OPÉRATION

Les Éditions Zéphyr

ZÉPHYR
ÉDITIONS

Les Éditions Zéphyr sont spécialisées dans la production de livres, bandes dessinées, DVD, plaquettes et supports publicitaires liés à l'aéronautique, à l'espace et plus généralement à la défense.

À ce jour, les Éditions Zéphyr ont déjà conçu, réalisé et publié en propre douze ouvrages de prestige sur les armées réalisés avec le soutien du ministère de la Défense et divers industriels français.

Les Bandes Dessinées

NEWS

n°1	n°2	n°3	n°4
10€	10€	10€	10€
n°5	n°6	n°7	n°8
13€	13€	13€	13€
n°9	n°10	n°11	n°12	n°13	n°14	n°15
12€	12€	12€	13€	13€	13€	20€

Jack Blues

AIRBLUES 1948

Épisode 2

MAI 1948...

L e prototype du bombardier géant B-36 a mystérieusement disparu quelques jours plus tôt au large du Mexique. Jack Blues et ses amis se sont lancés sur ses traces, mais à peine débarqués à Mexico City, ils découvrent qu'une équipe de tueurs de la Mafia est à leurs trousses, ainsi que l'agent du FBI mandaté par J. Edgar Hoover pour discréditer Howard Hughes. Jack, Big Bob et la belle Rita Hayworth parviennent de justesse à quitter la ville à bord d'un antique DC3, mais c'est compter sans l'opiniâtreté de leurs adversaires... Sabotages, crash, courses-poursuites, duels en règle et combats aériens, la troisième aventure de Jack Blues se déroule tambour battant dans un Mexique d'après-guerre plus vrai que nature. Et si l'on croise comme d'habitude quelques vraies figures historiques et cinématographiques, 1948-2 ne déroge pas à la règle des jolies femmes, avec une Rita Hayworth éternellement glamour, et une Jane toujours aussi sexy...

Scénario: Frédéric Zumbiehl
Dessins: Jean-Michel Arroyo
Couleurs : Véronique Robin

ISBN: 978-2-36118-004-1

UNE BANDE DESSINÉE DISPONIBLE EN LIBRAIRIE

Venez commander votre BD numérotée avec son ex-libris signé de l'auteur sur notre site internet

www.zephyreditions.com